汉译世界学术名著丛书

君主论

〔意〕尼科洛·马基雅维里 著

潘汉典 译

商务印书馆
创于1897 The Commercial Press

Niccolò Machiavelli

IL PRINCIPE

（一名：De Principatibus）

本书根据1927年意大利政府出版的（Edizione Del Centenario）Guido Mazzoni校订本、1930年罗马出版的Mario Cassella校订本和1954年米兰出版的Mario Bonfantini校订本马基雅维里《君主论》意大利原文版，对照英、美、法、德、日各国译本译出。

汉译世界学术名著丛书
出 版 说 明

我馆历来重视移译世界各国学术名著。从五十年代起，更致力于翻译出版马克思主义诞生以前的古典学术著作，同时适当介绍当代具有定评的各派代表作品。幸赖著译界鼎力襄助，三十年来印行不下三百余种。我们确信只有用人类创造的全部知识财富来丰富自己的头脑，才能够建成现代化的社会主义社会。这些书籍所蕴藏的思想财富和学术价值，为学人所熟知，毋需赘述。这些译本过去以单行本印行，难见系统，汇编为丛书，才能相得益彰，蔚为大观，既便于研读查考，又利于文化积累。为此，我们从 1981 年至 1986 年先后分四辑印行了名著二百种。今后在积累单本著作的基础上将陆续以名著版印行。由于采用原纸型，译文未能重新校订，体例也不完全统一，凡是原来译本可用的序跋，都一仍其旧，个别序跋予以订正或删除。读书界完全懂得要用正确的分析态度去研读这些著作，汲取其对我有用的精华，剔除其不合时宜的糟粕，这一点也无需我们多说。希望海内外读书界、著译界给我们批评、建议，帮助我们把这套丛书出好。

商务印书馆编辑部

1987 年 2 月

译　者　序

在历史上的地位

从15世纪下半叶起，以意大利为发源地，欧洲进入了文艺复兴时期。正如恩格斯曾经指出的，这是一次人类从来没有经历过的最伟大的、进步的变化，是一个需要巨人的时代，而且产生了巨人——在思维能力、热情和性格方面，在多才多艺和学识渊博方面的巨人的时代。尼科洛·马基雅维里（Niccolò Machiavelli 1469—1527）正是这个伟大时代的巨人之一。①

马基雅维里是意大利佛罗伦萨的政治家、外交家；同时是一位思想家——政治思想家。马克思曾经肯定马基雅维里及其后一些近代思想家在国家观上摆脱神学的束缚说，他们"已经用人的眼光来观察国家了，他们都是从理性和经验中而不是从神学中引出国家的自然规律；"②并且又一次指出马基雅维里及其后的一些近代思想家使政治研究独立于道德，他说："从近代马基雅维里……以及近代的其他许多思想家谈起，权力都是作为法的基础的，由此，

① 参阅《马克思恩格斯全集》中文版，第20卷，第361页。

② 《马克思恩格斯全集》中文版，第1卷，第128页。

政治的理论观念摆脱了道德，所剩下的是独立地研究政治的主张，其他没有别的了。”[①]马基雅维里是第一个使政治学独立，同伦理家彻底分家的人，有“资产阶级政治学奠基人”之称，并且是历史学家、军事著作者、诗人[②]和剧作家[③]。在所有这些方面都有其传世的著作，包括《君主论》、《论提图斯·李维著〔罗马史〕前十卷》三卷（下称《李维史论》）、《佛罗伦萨史》八卷、《兵法》（直译：《战争的艺术》）七卷、《曼陀罗华》（喜剧），还有其他剧本、诗、文以及大量的关于出使各国的情况报告和通讯等等。

在作者的几部学术名著中，《君主论》是最小的一册，但是最有名。——作为一部代表作，它使马基雅维里身后获得举世周知的名声（也包括恶名和所谓“马基雅维里主义”、“马基雅维里式的人物”等称谓）。此书在马基雅维里死后五年即 1532 年印行，迄今四百五十多年，从西方到东方，在宗教界、政界、学术领域和社会上广泛地引起各种强烈的反响。在 20 世纪八十年代被西方国家一些舆论界列为当代最有影响的世界十大名著之一。《君主论》和关于马基雅维里思想的研究，从新译本到专著在东西方各国不断出版。

马基雅维里其人及其学说，——“千秋功罪凭谁说”——这是值得重新探索的一项课题。此处仅就作者的时代、生平、事业，《君主论》创作及其他主要著作有关历史情况等方面加以简介，仅供对此一著作研究的参考。

---

① 《马克思恩格斯全集》中文版，第 3 卷，第 368 页。

② 参阅《马克思恩格斯全集》中文版，第 20 卷，第 362 页。

③ 马基雅维里的喜剧被法国伏尔泰称赞胜过希腊阿里斯托芬的喜剧；马基雅维里有意大利的莫里哀之称。英国马考莱亦赞扬备至。

时代、家庭、服官

一、当时意大利情况　马基雅维里在 1469 年 5 月 3 日出生于佛罗伦萨，1527 年 6 月 22 日去世，享年五十八岁。他的故乡佛罗伦萨以及意大利的其他一些城市在 14、15 世纪已早成为资本主义生产最初萌芽之地，在文艺复兴时期，她的文化艺术的繁荣昌盛吸引了整个欧洲，但是意大利的政治体制仍然没有脱离封建分裂状态：米兰公国、威尼斯共和国、佛罗伦萨共和国、那波利王国和教皇辖地等五个主要国家，还有许多小的封建领地，为着疆土扩张问题利用雇佣军长期互相征伐，直到 1454 年缔结洛迪条约为止。马基雅维里就在意大利一个比较安宁时期出生、成长，直到他开始参加政治活动，他的前半生处在佛罗伦萨的黄金时代，文艺复兴的全盛时期，①后半生则处在法国和西班牙等国在意大利角逐的战争时期。

二、家庭与教育　马基雅维里的祖辈是佛罗伦萨贵族，曾经出过十三名政府首长——正义旗手（Gonfalonieri）和五十三名执政官（Priori）。他的父亲贝尔纳多（Bernado）是一名律师（法学博士），在桑·卡希阿诺村（San Casciano）附近薄有地产。母亲能作诗。他有弟妹三人。一家六口，并非富有。据贝尔纳多的日记（1474—1487）记载，贝尔纳多爱好研究古典著作，在马基雅维里成长期间，曾借阅西塞罗的著作；在 1476 年曾设法购到李维著《罗马

① 从科西莫·德·梅迪奇于 1434 年当权，到他的曾孙皮埃罗·德·梅迪奇于 1494 年逃亡，其间六十年是佛罗伦萨的黄金时代。参阅：H. 赫德和 D. P. 韦利编《意大利简史》，第 84—85 页，1963 年，剑桥版。

史》。——四十年后马基雅维里的名著《李维史论》就是以这部名著为其基础的。马基雅维里七岁入学，约在十二岁半时已能用拉丁文作文。据说曾在佛罗伦萨大学完成他的教育：在那里受到人文主义者语言学家马尔切洛·阿德里亚尼（Marcello Adriani）的古典文学的训练。

马基雅维里熟习拉丁文和意大利的古典文学、史学，尤其是熟悉古罗马——罗马共和国政制以及西塞罗等人的论辩和社会哲学。这一切为其投身于政治外交活动准备了充足条件。日后他对罗马共和政治的向往和支配他毕生的深厚的爱国思想，不能不与此有着密切关系。

三、服官　马基雅维里的政治生涯大体上可以说是从1494年至1512年，即与佛罗伦萨共和国重建和再度覆灭相始终；也就是说，从原来的统治集团梅迪奇家族被宗教改革家修道士萨沃纳罗拉领导人民起义驱逐之后，直到梅迪奇家族卷土重来恢复其统治之日。而1494年正是法国查理八世入侵，从此使意大利进入内忧外患交并的困难时期。

约在1495年或1496年，他在共和国政府里开始担任助理员（Coadiutore）。1498年5月，萨沃纳罗拉在反对派的策动和教皇亚历山大六世的迫害下，作为异端者被绞杀和焚尸。马基雅维里对教皇干涉各国政治的悲剧不能不有所感受。① 后来他在《君主论》中谈到，统治者建立新的秩序而没有自己的武装作为后盾就不

① 马基雅维里曾在1498年3月2日在教堂聆听萨沃纳罗拉讲道，见1498年3月9日信稿。

免于毁灭，[1]还提出军队与法律作为立国的两大支柱的国家学说，其思想渊源与此不是没有关系的。

1498 年 6 月 19 日马基雅维里被任命为佛罗伦萨第二秘书厅秘书长；[2]随后于 7 月 14 日又被任命为“自由与和平十人委员会”（简称“十人委员会”）秘书，在最高行政机关——执政团（Signoria）领导下负责办理外交与军政事务。当时他才二十九岁。任职直到 1512 年佛罗伦萨覆灭，这样就结束了他的十四年的政治生活。

四、外交实践与认识　这十四年的政治工作，特别是外交实践，为马基雅维里的政治学说及其《君主论》的著作提供了丰富的历史例证。

除了负责处理大量的外事文件的日常工作外，他的第一项工作是作为共和国的代表临时特派出访外国和意大利各城邦，随时向“十人委员会”报告；在战争时期，负责军事组织等工作。他是政府首脑索代里尼的得力助手和智囊人物。从三十岁开始先后出访近三十次，到过法国、瑞士、德意志各国和意大利各城邦。他所作的《法国情况报告》、《德意志情况报告》以及关于罗马尼亚公爵切萨雷（Ceasare Borgia）的报告和其他通讯等文件，现仍保存下来，它们表明马基雅维里对欧洲各国和意大利各城邦社会政治现实具有敏锐的洞察力，对于统治者的真正面目有了深入了解和缜密的分析，并且构成他所阐述的政治思想与军事理论的根据。在这些出使访问中使他深感弱国无外交。在 1500 年秋，就皮萨战争问

① 见《君主论》第七章。

② 秘书厅（Cancelleria）是政府工作机构；秘书长（Cancelliere）是机关首长；并非“法官”或“大法官”。

题，他出使求助法王；在拥有强大武力的君主集权的大国面前，由于本国武力与财力俱弱，为外国国王蔑视，逗留数月，怏怏而归，不能不加深马基雅维里谋求富国强兵、民族独立的渴望。1502 年 10 月至 1503 年 1 月两次出使，对马基雅维里的政治思想产生重大影响。

由于教皇亚历山大六世的支持，切萨雷·博尔贾于 1499 年开始征服罗马尼亚，继而占领伊莫拉、富尔利、里米尼、法恩扎、乌尔比诺等地，进而觊觎佛罗伦萨属地阿雷佐。马基雅维里出使，企图与博尔贾修好，以求返还占领地。他耳闻目睹博尔贾施展阴谋诡计，唾手掠取领土，暗杀敌人，假手法庭斩杀权臣，以及建立国民军取代雇佣军，如此等等。不仅由于博尔贾的"能力"，主要的是由于他努力创建一个强大的统一的国家，使马基雅维里惊叹，认为找到了可以作为拯救意大利的统治者(但其后不幸失败)，①最后成为《君主论》中一再奉扬的新君主典范。

军制改革的历程

一、雇佣军的历史教训　创建国民军是马基雅维里毕生努力的最大的事业之一。同时也是《君主论》探讨的最重要课题之一。意大利历史学者费代里科·卡博德(Federico Chabod)甚至强调

---

① 德国著名学者迈内克(Meinecke)主张，《君主论》所推崇的真正英雄是指第六章所说的英雄，即摩西、罗慕洛等人，而不是博尔贾。(见所著：《在现代史上国家理由学说》(Die Idee der Staats Räson)1924 年，柏林版，第 27 页)但是马基雅维里在 1514—1515 年 1 月 31 日给韦托里(F. Vettori)的信中仍然说，"假如我是新君主，我将经常仿效瓦伦蒂诺公爵(即博尔贾)的行迹"。可见马基雅维里自始至终把博尔贾奉为新君主典范。迈内克的主张似难成立。

说,《君主论》的总的特性清楚地表现在论建立国民军的几章里。①马基雅维里认定雇佣军是意大利一切灾难的原因。他迫切要求把国民军建设起来,就是为了用自己的武力取代意大利各国已经长期实施的雇佣军制度和外国援军,建设统一的独立自主的国家。他痛切地感到雇佣军耗费巨大军饷,而作战不力甚至叛变;求助于外国(如法国)不仅低首而且还要支付巨款。例如对皮萨作战,请来了雇佣军队长保罗·维泰利,花了六万四千金币——“十人委员会”被人民称为“败家子”;而到了胜利在望的时刻,却由于雇佣军队长通敌,功败垂成。佛罗伦萨深感意大利的雇佣军不可靠,转而求助法国,给法王二万四千金币,雇佣法国人的军队,包括瑞士军在内。但是这些军队向皮萨进攻前却掠夺佛罗伦萨人民,索饷要粮。这就不能不使马基雅维里又一次痛感意大利的外国雇佣军队全不可靠。但是当博尔贾以武力威胁和勒索佛罗伦萨的时候,佛罗伦萨由于没有自己的武力还是不得不求助于法国,被迫付给三万金币,还答应以后再付给十二万金币。这种悲惨的境遇,同马基雅维里出使观察到的拥有自己武力的统一的法国、瑞士,以及博尔贾的夺人声势,形成强烈的对照。事实说明,新兴资产阶级的统治者只是运用外交上的纵横捭阖而没有自己民族的武力作为后盾,是无法同强大的统一的中央集权的国家抗衡的。因此,在《君主论》里面,马基雅维里引证古今,反复谈论武力和雇佣军问题,要求建立由自己臣民、市民或者属民组成的军队;批判雇佣军——在意

① F.卡博德:《君主论》导论,1924年,都灵版;《马基雅维里与文艺复兴》(文集),1958年,伦敦版,第16页。

大利各国已经长期采取的制度。同时专章阐述君主关于军事方面的责任，甚至强调君主的唯一专业就是军事，除了战争、军事制度和训练之外，不应该另有其他目标，其他考虑。除了时代的局限性和固有的阶级性之外，马基雅维里的思想往往趋于极端，带着某种片面性、夸张性，受着他个人的主观经验束缚与强烈的政治激情影响。上面说的就是一个例子。但是他的建设国民军的基本目的，是为了建立一个统一的国家，排除外国的干涉与侵略，维护独立。这些主张是符合新兴阶级和人民的利益的，因此在历史上具有进步意义。在作者去世后四百年，意大利在法西斯统治下，曾经隆重重印《君主论》，献给墨索里尼，这是对热切谋求国家统一、民族独立与自由的佛罗伦萨爱国者的侮辱。

二、国民军的创建与胜利　1505 年 9 月，佛罗伦萨为收复比萨而发动进攻，再次失利，使马基雅维里更加坚信军事制度必须彻底改革。[①] 1505 年，他写了：《论佛罗伦萨臣民军队组织化》，他的主张遭到一些贵族们的反对，但是获得索代里尼的重视。1505 年 12 月 30 日马基雅维里受命亲自招募志愿参军的人。1506 年 2 月 15 日，新军队由仿照瑞士式训练的约四百名新兵组成，在政府广场以分列式行进，引起了人民的欢呼，贵族的非难。最后在 1506 年 12 月 6 日最高会议批准马基雅维里拟定的提案，设置一名新官员专门负责监管军队重建工作，马基雅维里担任"佛罗伦萨国民军军令局"局长。参军的人来自佛罗伦萨共和国的领土(但已合并而尚未正式成为共和国的一部分除外)。每二十名军人设军官一人，

① 参阅：日本佐佐木毅：《马基雅维里》，《人类知识遗产》丛书，第 24 卷，第 96 页。

必须是佛罗伦萨市的市民，而不是农村的人。骑兵必须限于佛罗伦萨市市民；步兵则来自乡村，给养全部由乡村负担，[①]在军事组织和军需供给上的城乡差别反映了马基雅维里的军事建设的阶级性。

马基雅维里亲自向各地招募志愿参军的人作为常备军（步兵）。半年间自动应募请求审查的不下一万二千人，但是只招收了五千人，依规定，到1507年步兵至少一万名。马基雅维里选择了曾经为博尔贾效劳以凶残著称的西班牙人唐·未凯莱托作为首领，负责训练国民军，这正是马基雅维里强调"能力"，轻视伦理道德的反映。他在1506年和1507年大部分时间从事新国民军的组织工作，并负责监督新军三营围困皮萨。至1509年5月24日皮萨由于粮绝遣使求和，5月31日投降，6月8日马基雅维里率佛罗伦萨军入城。于是结束了十四五年的不断纷争，重新拥有皮萨。佛罗伦萨举国欢庆，祝贺马基雅维里是胜利的真正组织者。这是共和国和马基雅维里政治生涯中最辉煌的一刻。

三、国民军失败与共和国瓦解　马基雅维里在1509年胜利后又奉派出使，对法、德、瑞士各国政治军事制度的优劣以及意大利积弱原因又有了进一步的了解，对瑞士尤其赞赏，在日后《君主论》中对国民军和雇佣军的评论得力于此甚多。马基雅维里已察觉到佛罗伦萨厕身于法国同西班牙、教廷等国结成的神圣联盟的尖锐对立之间的危机，于是致力加强防务。在侵略的威胁下，1512年3月23日通过了《骑兵军需条例》。马基雅维里曾巧妙地动员

① 参阅F.卡博德：《马基雅维里》，载《意大利科学文学艺术百科全书》第21卷，第780页，罗马，1951年版。

了一万二千国民军进行防卫。但是，这些军队于 1512 年 8 月在普拉托被神圣联盟军击溃。出走在外的梅迪奇家族以一万金币对联盟进行贿赂，并且答应对帮助他回国的人以后还要重酬。于是在西班牙军威胁下，佛罗伦萨投降。1512 年 9 月 1 日正义旗手索代里尼宣告辞职后出走，共和国由是瓦解，梅迪奇家族的首领朱利亚诺及小洛伦佐①回到佛罗伦萨。马基雅维里从此陷入深渊。

罢 官 以 后

一、从冤狱到放逐　马基雅维里没有跟随首脑出走，留在佛罗伦萨迎接梅迪奇家族归国，并且企求——至死不渝地企求为祖国效命，但是事与愿违。在西班牙武力的支持下，1512 年 9 月 14 日枢机主教焦瓦尼·德·梅迪奇进入佛罗伦萨，重新建立委任独裁制：恢复了 1494 年梅迪奇家族统治下的机构和制度。“国民军军令局”被解散了，马基雅维里一手创建的国民军当然也解散了。11 月 9 日新政府正式罢免他的一切职务，驱逐出佛罗伦萨一年，禁止离开国境，并勒令提供巨额保证金。事不止此，随后在 1513 年 2 月以莫须有的罪名——参加反梅迪奇家族的阴谋罪嫌把他逮捕入狱，刑讯逼供，②但马基雅维里不为所屈，力辩无辜。后经多

---

①　1494 年出走的皮埃罗已故，他的二弟朱利亚诺（Giuliano）、三弟焦瓦尼（Giovanni）和皮埃罗之子小洛伦佐（Lorenzo de'Medici，1492—1519）成为梅迪奇家族首领。

②　据说，有人在索代里尼亲戚家中捡到一名叫做保罗·博斯科利（P. Paolo Boscoli）从口袋里丢下的一张单子，上面有十多个人名包括马基雅维里的名字在内，于是向公安委员会报告，博斯科利及其亲友（另一青年）被捕入狱，随后多人相继株连。参阅 E. 米尔：《马基雅维里及其时代》第 104 页以下，1936 年纽约版。佐佐木毅：《马基雅维利》123 页以下，1978 年讲谈社版。

方营救，于 1513 年 3 月出狱。[①] 他写信给他的朋友，驻罗马教廷的大使弗朗切斯科·韦托里表示，他只是把它归诸命运，相信不幸已成过去，他将会更加审慎；而且时代比过去宽大，更少猜疑，他要求帮助，以便能出来工作。这是著名的“佛罗伦萨公民和秘书”在政治生命尽头执著的表现。

二、村夫生活与学术创建　1513 年 3 月出狱后，马基雅维里变成村夫，在乡下过着贫困的农民生活。但是他仍然没有忘记经国治世的理想，坚持从实践到理论进行探索，他写出了四部学术名著，成为政治学家、史学家、军事著作家、剧作家，为人类积累精神财富作出贡献，这是他所没有想到的。

马基雅维里被罢官后，全家迁到佛罗伦萨城附近的桑·卡希亚诺小村，住在他父亲遗下的小小农庄里。他和妻子玛丽埃达以及四子一女一家七口，生活拮据，勉强度日。他曾经因为欠税被传讯，又由他的朋友 F. 韦托里证明“确实一贫如洗，并且子女多负担过重”以致无力纳税。他在给友人的信中曾经哀叹：“我不如死了好些，我的家庭如果没有我会较好些，因为我只是家庭的一项负担”。但是他还是顽强地生活下去，他把生活分为两截：白天在农民当中劳动和生活；黑夜单独“与古人晤对”，探索治国之道。《君主论》就是这样完成的第一部著作。

三、《君主论》的诞生　《君主论》的思想资料是共和国时代马

---

① 见 1513 年 3 月 13 日马基雅维里致友人弗朗切斯科·韦托里信。但是另一种说法是在 1514 年 4 月 4 日在枢机主教焦瓦尼·德·梅迪奇升任教皇称为利奥十世时宣告大赦令获释。见《意大利科学、文学与艺术百科全书》第 21 卷，第 781 页，罗马 1951 年版。

基雅维里在政治、外交、军事实践中早已积累起来的，其创作则在放逐后，大约从1513年6、7月开始，在年底以前写出，修改定稿当在1515年以后。① 关于他在农村的生活与学术探索情况及他的愿望，在1513年12月10日的一封著名的信中作了详细而生动的描述。他告诉他的朋友说："我生活在我的农家里，自从遭遇不幸之后，我在佛罗伦萨总共没有呆上二十天，直到现在我一直用我自己的双手诱捕画眉鸟，……整个九月份我就这样过去了，这种消遣，实在可怜而且荒唐，现在终止了。"1513年12月以后，他又过着伐木卖柴的樵夫生活。

但是，马基雅维里在晚上却过着一种严肃而愉快的精神生活，他写道："黄昏时分，我就回家，回到我的书斋。在房门口，我脱下了沾满尘土的白天工作服，换上朝服，整我威仪，进入古人所在的往昔的宫廷。……在四个小时里，我毫不感到疲倦，我忘记了一切烦恼，我不怕穷，也不怕死，我完全被古人迷住了。"

马基雅维里要把自己的研究成果献给统治者，他说："正如但丁说过的：'如果不把已经见闻的事情记下来，就不成其为知识了'。我已经把我同古人谈话所学到的东西记下来，而且写成一本小册子，题为《君主论》，在这部书里，我竭力深入探索这个课题，讨论君主国是什么，它有什么种类，怎样获得，怎样维持，以及为什么会丧失。……此书一定会获得君主，特别是一位新君主的欢迎。

① 见1513年12月10日马基雅维里给F.弗朗切斯科信。同时《君主论》第三章提到法国路易十二世在世时，含有路易十二世已故之意。路易十二世是在1515年死去的，因此《君主论》的最后定稿时期当在1515年以后。有不少的著作把他完成期确定为1513年似嫌过早。

因此我要把它献给朱利亚诺殿下。菲利波·卡萨韦基亚已经看过它;他能够同你谈谈这部书的内容和我同他讨论的情况,虽然我仍然在把它扩充和修改中”。

四、《君主论》与自我鉴定 马基雅维里十分重视这本书,他写完后继续把它完善。他在信中还说,他考虑是否亲自送给朱利亚诺,或者托自己信赖的朋友送去,因为他恐怕朱利亚诺看不到它,而他们的朋友阿尔丁杰利(Ardinghelli,教皇利奥十世的秘书)会从这部最近的著作中捞取荣誉。(恐怕他人盗取《君主论》的思想作为己有献给统治者)其所以献书,马基雅维里坦白告诉他的朋友,这是由于贫困的驱使,害怕由于贫困被人蔑视,而且他希望当权的梅迪奇家族会使用他。他自信自己研究经国治世的成就能够获得使用。他说:“假如他们读到这部书,他们会看到,在十五年间我一直在研究治国之术,我没有睡大觉也没有玩乐。谁都会乐于使用一个从他人的牺牲中获得大量经验的人。”他以忠诚老实自矢说:“关于我的忠诚老实,应该没有疑问,因为我一直保持忠诚老实,我现在不会改变它。像我这样一个四十三年来一向是忠诚老实和善良的人,是不能够改变他的性质的;而且我贫穷,就是我为人忠诚老实和善良的证据”。

马基雅维里写信向其倾诉的人是从前在外交活动中曾经共事的同僚,当时担任梅迪奇政府驻罗马的大使弗·韦托里。这也是马基雅维里关于自己人格的自我鉴定。

五、《君主论》的沉沦及其他著作的诞生 马基雅维里的《君主论》事实上并没有献给朱利亚诺,而是在1515年或其后献给小洛伦佐(1492—1519)。① 但是这部著作当年没有获得统治者的垂青,如石沉大海。此书在作者生前也没有公开发表,直到作者死后五年即1532年在教皇克莱门特七世(1480—1534)的赞助下才出版。(因为作者已死,此书一直存在版本不同的问题)有充分的证据说明,马基雅维里其人及其著作在他同时代的人们中获得高度的尊敬。只是到了1536年才引起一个英国枢机主教对《君主论》的声讨,②从此四百多年来对《君主论》及其作者议论纷纭,毁多于誉。

1.《君主论》的姊妹篇 马基雅维里在失望中仍继续从事研究治国之道,谋求国家统一和独立与自由,并且参加知识分子结集的学术讨论。他探索的主题始终围绕有关意大利兴亡的国家政治、军事、历史和宗教等方面问题。1513年开始执笔,1517年(一说1519年)完成了《李维史论》。此书比《君主论》大四倍。《君主论》是《李维史论》的一个"分支"。它和《君主论》是马基雅维里政治制度观的两个方面。《君主论》讨论的主题是由于意大利腐败,内忧外患混乱状态不得不采取的君主政体制,《李维史论》则着重阐扬作者理想的以古罗马共和国制度为楷模的共和制。同时作者对意大利衰弱与分裂的祸根在于罗马教会这一点进行了大胆的剖析(《李维史论》第1卷第12章)。要了解《君主论》在马基雅维里政

① 朱利亚诺即洛伦佐(Lorenzo de'Medici,1449—1492),又称豪华者洛伦佐(Lorenzo il Magnifico')之子,小洛伦佐(1492—1519)是皮埃罗之子,洛伦佐之孙。马基雅维里在1512年被放逐后才开始著书立说,其时洛伦佐已死(1492年),因此,不可能献给洛伦佐。我国70年代至1985年出版的《大百科法学卷》、《法学辞典》、《马基雅维里》词条均作:"献给当时的……洛伦佐(1449—1492年)"似误。

② 麦考莱:《历史论文集》,第55、57页,1926年纽约版。

治思想中的地位，就不能不对《李维史论》有所理解。

2. 对抗侵略的战术论　约在1520年马基雅维里完成了《兵法》，当年出版。这是第一部近代军事著作，也是他生前问世的唯一主要著作。是他长期从事军事监督工作，目击身受雇佣军之害的经验结晶。此书以对话的形式，阐述军事与政治的密切关系；强调必须建设国民军，加强训练，恢复古罗马的军纪，认定保卫意大利不能靠城堡化，而必须依靠爱国的训练有素的国民军抗敌，决胜于战场。

值得注意的是，这项研究的出发点是适应武器的变化和新兵种的出现，改进抗拒外国侵略的战术，扭转意大利的挨打状态的。恩格斯指出，由于15世纪末16世纪初，法国人改良了火炮，可以由许多马匹拉曳上战场，并且在战斗时变换阵地，比意大利人用犍牛驮运的笨重的旧火炮远为方便，这种火炮和新兵种给意大利步兵的长纵队造成了极大损失。恩格斯分析说，马基雅维里写他的《兵法》一书的主要目的是为了想出一种队形，巧妙地配置步兵和骑兵，以制止这种炮火和新兵种的杀伤。[①] 因此《兵法》是捍卫意大利国家独立与自由的战术论。它反映出炽热的爱国主义指导着作者的一切活动。恩格斯曾经称赞马基雅维里是“第一个值得一提的近代军事著作家”，这不是偶然的。

3. 意大利衰弱原因的历史探索　1520年马基雅维里受朱利奥·德·梅迪奇(Giulio de'Medici)的委托撰写《佛罗伦萨史》，从北方民族入侵，罗马帝国衰亡到科斯莫·德·梅迪奇止(379—

① 参见《马克思恩格斯全集》中文本，第14卷，第30、196—197页。

1492)。写作的主导思想仍然是探索“经过了一千年的辛勤劳苦之后，佛罗伦萨竟然变得这么衰微孱弱，其原因究竟何在”。马基雅维里批评过去的佛罗伦萨历史学者详述对外战争，而忽略内争、内乱及其后果，害怕得罪古人的后代。他要使读者获益，详述国内治乱，说明内部派别纷争的原因，使公民通过他人的苦难变得聪明些，并保持团结。(《佛罗伦萨史》马基雅维里原序)它生动地记述了从外国势力——蛮族的入侵开始，意大利半岛的四分五裂，人民与贵族之间、派别之间、统治集团之间的斗争，内乱继之以外患，雇佣军的横行，教皇的邪恶，如此等等。他从政治、军事、宗教、社会等各方面的历史发展中探索意大利统一及复兴的道路。马克思曾经确认，“马基雅维里早就在他的《佛罗伦萨史》中指出教皇的统治是意大利衰败的根源”，并且认定这是一部“杰作”。①

4. 对腐朽的社会道德的讽刺　在不幸的岁月里，马基雅维里乐观地创作了《曼陀罗华》(1518)。演出后获得巨大成功，使他赢得喜剧作家的声誉。在戏剧里，他辛辣地讽刺愚昧无知而良善的商人和妻子、岳母求嗣心切，由于狡猾的淫棍与邪恶的教士狼狈为奸，上当受骗被奸淫后仍沾沾自喜。它既是对当时社会道德的嘲笑，也反映了作者对道德伦理、对教会的态度。因此，阿兰·吉尔伯特这位专门研究马基雅维里的学者甚至有点夸张地说：“不读《曼陀罗华》就不懂得《君主论》”。②

所有这些主要著作互为补充，构成马基雅维里思想与学说整

① 《马克思恩格斯全集》中文版，第 13 卷，第 475 页，第 29 卷，第 184 页。

② 阿兰·吉尔伯特(Allan Gilbert)，《马基雅维里文集》，三卷本，第 2 卷，第 775 页。1965 年杜克大学出版。

体的基础,充分说明马基雅维里的指导精神和不懈的努力是谋求意大利国家的统一和民族的独立与自由。

从起用到消逝

一、史官与政制改革建议　1519年小洛伦佐死后,枢机主教朱利奥代位统治佛罗伦萨。由于形势迫切要求改革,急需人才,马基雅维里被起用:1520年3月朱利奥接见马基雅维里,11月由佛罗伦萨大学(Studio)选任为历史编纂,授予年薪,委托撰写历史(已见前述)。同年受咨询关于最适合佛罗伦萨的政体问题,为教皇利奥十世(焦瓦尼·德·梅迪奇)撰写《论洛伦佐死后佛罗伦萨事务》意见书。他认为:在现存条件下君主制是不可避免的;但是根据他的理论:在人民习惯于平等的地方宜于建立共和制政府。对于佛罗伦萨说来,现在已没有一个强有力的君主,很难建立梅迪奇家族早先的真正的君主政制,最好的政制将是共和制,可以为建立真正的共和国作准备。他大胆建议将来可以恢复1512年以前共和国时代的"大会议"制,作为集中权力的最高机关(原来小洛伦佐是集权于一身),他认为在实现此一最终目的之前,应承认梅迪奇家族的领导统治,但是此项统治以梅迪奇家族成员的教皇利奥十世和枢机主教朱利奥二人生存期为限,死后其统治大权移归"大会议"。这件事说明:马基雅维里同君主专制的统治者妥协的同时,并没有放弃自己对共和制的理想。

二、共和国光复——巨人贫病中死亡　这时以神圣罗马帝国皇帝西班牙国王查理五世为一方同法国国王弗朗西斯一世进行争霸的意大利战争更加激烈。1525年法军战败,查理五世大军不可一世。马基雅维里在罗马又提出建立国民军和加强防御以对抗帝国入侵的建议。在形势危急中，1526年他被教皇克莱门特七世任命为新设的“城防五人委员会”的首长，负责加强佛罗伦萨城防工作。1527年5月8日出现德国和西班牙军队进行的“罗马洗劫”——史称文艺复兴时期终结。佛罗伦萨人民乘机起义，再度驱逐了梅迪奇家族，恢复共和国。马基雅维里赶回佛罗伦萨。原来的“十人委员会”也恢复了，他希望复官，但是没有如愿。这个巨人在文艺复兴时期终结后一个多月，遗下贫困无依的妻儿悄然病逝。

他的国民军理想仍然活在人民心中。他去世后不到五个月——1527年11月6日“十人委员会”新任秘书姜诺蒂草拟关于征募兵役的法令通过了。这位立法者和执行者正是前任秘书马基雅维里的朋友和《兵法》的信徒。

1530年神圣罗马帝国再度入侵佛罗伦萨，马基雅维里的儿子罗多维科作为国民军应征，把他的生命献给了祖国。共和国又被推翻了，梅迪奇家族又回来了。

马基雅维里已经绝后，葬地无可考。现在在佛罗伦萨桑达·克罗切教堂放着刻有碑铭的石椁，是1787年后人为纪念他而制造的。

潘汉典

于中国社会科学院法学研究所

1985年4月1日，北京

目　　录

尼科洛·马基雅维里上洛伦佐·梅迪奇殿下书

凡是想要获得君主恩宠的人们，向来都是把自己认为最宝贵的东西或者自以为君主最喜爱的东西作为献礼。因此我们常常看见人们把骏马呵、武器呵、锦绣呵、宝玉呵以及同君主的伟大相称的一类装饰品献给君主们。现在我想向殿下献呈本人对你一片忠诚的证据，我觉得在我所有的东西里面，我认为最宝贵和最有价值的莫过于我对伟大人物事迹的知识了。这是我依靠对现代大事的长期经验和对古代大事不断钻研而获得的。对于这种知识，我曾经长时期地孜孜不倦地加以思考和检验，现在我把它写成小小的一卷书献给殿下。

虽然我自己认为这部著作不值得你垂青，但是考虑到除了使你能够在最短的时间内了解我多年来历尽困苦艰危所学到的一切之外，我再没有力量献给你更好的礼物了。因此我深信，仰赖你的仁爱，这部著作一定会蒙你嘉纳的。

对于这部著作，我没有像许多人在叙述他们的主题并加以润饰时惯常那样使用铿锵的章句、夸张而瑰丽的语言、在外表上炫人耳目的东西或者装饰品。因为我希望我的著作如果不赢得称誉则已，否则只应是由于其内容新颖和主题的重要性而受到欢迎。

我想，一个身居卑位的人，敢于探讨和指点君主的政务，不应当被看做佞妄，因为正如那些绘风景画的人们，为了考察山峦和高地的性质便厕身于平原，而为了考察平原便高居山顶一样，同理，深深地认识人民的性质的人应该是君主，而深深地认识君主的性质的人应属于人民。

因此，殿下，请你体谅我敬献这个小小的礼品的心意而接受它吧！如果你认真地考虑和诵读它，你就会从中了解到我的热切的愿望：祈望你达到命运之神和你的其他条件使你有希望达到的伟大地位。同时，如果殿下有朝一日，从你所在的巍巍的顶峰俯瞰这块卑下的地方，你就会察觉我是多么无辜地受着命运之神的巨大的不断的恶毒折磨呵！

第一章　君主国有多少种类？是用什么方法获得的？

从古至今，统治人类的一切国家，一切政权，不是共和国就是君主国。君主国不是世袭的就是新的。在世袭君主国里，长期以来君主的后裔就是那里的君主。新的君主国或者是全新的，如弗朗切斯科·斯福尔扎[①]的米兰公国；或者是世袭君主国占领的附庸，如西班牙王合并的那波利王国。[②] 这样获得的领土，或者原来习惯在一个君主统治下生活，或者向来是自由的国家；而其获得，或者是依靠他人的武力或君主自己的武力，否则就是由于幸运或者由于能力。[③]

---

① 弗朗切斯科·斯福尔扎(Francesco Sforza，1401—1466)，其父为有名的雇佣军队长。弗朗切斯科十六岁即从军，1424 年父死即继承其父的军队指挥权，为米兰作战。其后娶米兰公爵菲利普·马利亚·维斯孔蒂(Filippo Maria Visconti)的私生女比昂卡(Bionca)。1447 年维斯孔蒂死后米兰宣布为共和国，弗朗切斯科·斯福尔扎担任雇佣军队长；1450 年倒戈，迫使共和国最高会议拥立为维斯孔蒂的继任者——米兰公爵。马基雅维里在本书第七章及所著《佛罗伦萨史》第七卷和《兵法》中一再引述弗朗切斯科为例，说明雇佣军的危险性。

② 那波利王国，15 世纪意大利半岛的五个主要国家之一，于 1500 年由西班牙国王费尔迪南多二世(Ferdinando II，1452—1515)同法国国王路易十二世缔结条约予以瓜分。1504 年西班牙将法国势力从所占领的部分领土赶走，并将西西里兼并。

③ “幸运”(fortuna，)，一译“命运”(如在献词中，见前第 2 页)。“能力”(virtù)，同前者相对峙，是马基雅维里学中的一个重要概念；如同文艺复兴时期的作家的用语一样，通常指肉体上和精神上的力量，包括才能智慧，只是在极少数场合特指美德善行。

第二章　世袭君主国

这里，我想撇开共和国不予讨论，因为我在别的地方已经详尽地论述过了。① 我打算单独地转到君主国这方面来，并且按照前述的顺序，探讨这些君主国应该怎样进行统治和维持下去。

我认为，在人们已经习惯了在君主后裔统治下生活的世袭国里保持政权，比在新的国家里困难小得多。因为君主只要不触犯他的皇宗皇祖的制度，如遇有意外事件，则随机应变，这就足够了。因此，一位君主如果具有通常的能力，依此方法，总是能够维持他的地位的，除非遇有某种异乎寻常的格外强大的力量，才可能被篡位。但是即使他被夺权了，当篡夺者一旦发生祸患的时候，他就能够光复旧物。

例如，在意大利我们就有费拉拉公爵。② 其所以能够抵御

---

① 参阅马基雅维里：《论提图斯·李维〔罗马史〕前十卷》（以下简称：《李维史论》），特别是第一卷。该卷第二章的题目就是《共和国有多少类，罗马共和国是属于哪一类的？》。

② 费拉拉公爵（duca di Ferrara），指在教皇辖地费拉拉执政的埃斯特家族的埃尔科莱一世（Ercole I d'Este，在位：1471—1505）和阿尔封索一世（Alfonso I d'Este，在位：1505—1534）。这个家族从 1208 年起就同萨林圭拉家族（Salinguerra）轮流统治费拉拉。1332 年教皇承认埃斯特家族三兄弟为其在费拉拉的代理人，由是埃斯特家族统治者的势力日益强大。

〔14〕84 年威尼斯人的侵袭和〔15〕10 年教皇朱利奥[①]的侵袭，就是因为在这个领地的统治已经历史悠久了，此外更无其他原因。[②]因为世袭的君主得罪人民的原因和必要性都比较少，因此他自然会比较为人们所爱戴。除非他异常恶劣，惹人憎恨之外，他的臣民自然而然地向着他，这是顺理成章的。而且革新的记忆与原因，由于统治已经年代久远并且连绵不断而消失了；因为一次变革总是为另一次变革留下可以继续进行的条件的。

① 朱利奥二世（Iulio II 1413—1513）原名朱利亚诺·德拉·罗韦雷（Iuliano della Rovelle），1503 年起任教皇至 1513 年，决心收复全部教皇辖地，除费拉拉公爵抵御了他的攻击外，一些处于教皇宗主权之下的小国的繁荣时代由此告终。

② 根据意大利学者的分析，事实上埃尔科莱和阿尔封索这两名费拉拉公爵在政治和军事上都是具有伟大才能的首领。马基雅维里在这里的提法，看来是有意强调世袭的作用。

第三章　混合君主国

但是在新君主国里，就出现重重困难。首先，如果它不是全部是新的，而只是一部分是新的（从整个来说，它可以称为混合国），那里的变动主要是来源于一切新君主国所固有的困难。这就是，人们因为希望改善自己的境遇，愿意更换他们的统治者，并且这种希望促使他们拿起武器来反对他们的统治者。可是在这件事情上，他们上当受骗了，因为后来经验告诉他们，他们的境遇比以前更恶劣了。这种情况是由于另一种自然的、通常是必然的情况造成的。这就是，因为新的君主由于他的军队和新占领之后带来的无数的其他损害，常常不可避免地开罪于新的属民。

这样一来，当你占领这个国家领土的时候，所有受到你损害的人们都变成你的敌人了；而且你又不能够继续保持那些帮助你取得那里统治权的朋友们，因为你既不能够依照他们的期望给以满足；你又不能够采取强有力的措施对付他们，因为你感到对他们负有恩义；还因为一个人纵使在武力上十分强大，可是在进入一个地方的时候，总是需要获得那个地方的人民的好感的。由于这些理由，法国国王路易十二世占领米兰甚速，而丧失米兰亦甚速，而且头一次把路易十二世撵走，只需要洛多维科①自己的军队就足够

① 洛多维科（Lodovico Sforza，1476—1500），米兰公爵；1499年2月法国国王路

了，因为原先给法国国王打开城门的人民，后来察觉到他们的见解和他们曾经期待将来获得的利益都是上当受骗的，他们不能够忍受新君主的折磨了。

的确，凡是一度叛变的地方再度被征服之后就不会那样容易丧失，因为统治者会利用叛乱提供的机会毫不犹豫地惩办罪犯，把可疑分子搞清楚，并且在薄弱的地方加强自己的地位。因此，头一次使法国失掉所占领的米兰，只要一位洛多维科公爵在边境揭竿而起就成了，但是要使法国国王再一次失去米兰，那就必须使全世界都反对他，①必须把他的军队打败并将其驱逐出意大利，其原因有如上述。

可是，米兰毕竟一而再地两度从法国人手里夺取过来。关于头一次丧失的一般原因已经讨论过了，现在还要谈谈第二次丧失的原因，并且看一下法国国王当时有什么办法，以及任何一个人如果身临其境要比法国国王更牢固地保有他征服的领土能够有什么办法。

让我说，那些被胜利者合并到自己的古老国家的国家，或者与征服的国家属于同一地区，使用同一语言，或者并非如此，二者必居其一。如果是同一地区的话，特别是如果那些国家的人们不是

易十二世（在位：1498—1515）同威尼斯人结盟，9月11日法军攻占米兰，洛多维科逃亡德国。威尼斯人亦分占米兰公国的三分之一。次年2月在反法国军队的米兰起义帮助下，洛多维科归国迅速光复米兰。但其后又被法军挫败，死于监狱。

① 1511年教皇朱利奥二世和西班牙、威尼斯结成神圣联盟以驱逐在意大利的法军。1512年4月11日在拉文纳（Ravenna）的决定性胜利的战役中，尽管法军是胜利者，但由于主帅加斯通·德·富瓦（Gaston de Fois）之死和瑞士人为支持神圣同盟而突袭米兰，使胜利者受到挫折。瑞士人在教皇朱利奥二世的怂恿下征服了米兰，立洛多维科的儿子马西米利亚诺（Massimiliano Sforza）为其傀儡公爵。在朱利奥二世于1513年2月去世后，法国人再度被驱逐出意大利，斯福尔扎家族的一个成员回到了米兰。

过惯了自由生活的话，那么保有这些国家是最容易的；而且只要灭绝过去统治他们的君主的血统，就能够牢固地保有这些国家了。由于在其他的事情上维持着他们的古老状态，而且在风俗习惯上没有什么不同之处，人们就会安然地生活下去。正如人们在布列塔尼、布尔戈尼、加斯科涅和诺曼底所看到的，这些地方已经长时期地归属于法国了；[①]而且尽管语言有某些差异，可是习惯是相同的，因此它们很容易结合在一起。征服这些地方的人如果想要保有它们，就必须注意两个方面：一方面就是，要把它们的旧君的血统灭绝；另一方面就是既不要改变它们的法律，也不要改变它们的赋税。这样一来，在一个极短的期间内，它们就会同古老的王国变成浑然一体了。

但是，如果那些被征服的国家在语言、习惯和各种制度上同征服国不同，那么就会发生种种困难了。要保有那些被征服的国家，就需要非常的好运并作出巨大的努力。而最好和最有力的办法之一，也许是征服者亲自前往，驻节在那里。这就会使得他的占领地更加稳固，更加持久，例如土耳其人在希腊就是这样做的。[②] 假使土耳其国王不移跸希腊，那么，即使他为着保有希腊而采取其他一切办法，他还是不能够保有那个国家的。因为如果一个人在当地的话，骚乱一露头他就能够察觉了，从而他就能够迅速地加以消

---

① 以上各地归并于法国的时期：布尔戈尼为1477年（路易十一世）、布列塔尼为1491年（查理八世）、加斯科涅为1453年（查理七世）、诺曼底为1204年（菲利普二世）。

② 此处所称希腊，实指土耳其人在15世纪征服巴尔干半岛。先是穆拉德二世（Murad II，1421—1451）开始远征匈牙利、希腊、阿尔巴尼亚等国，其后穆罕默德二世（1451—1481）继续扩张，于1453年灭拜占庭帝国，并将奥斯曼帝国的首都移至君士坦丁堡，改名伊斯坦布尔，从而确立了土耳其在欧洲的势力。

除。但是如果他不在跟前，那么，只有在大乱的时候他才能够察觉，那时他已经不再能够消除骚乱了。除此之外，那个地方不受他的官吏掠夺；臣民由于能够立即求助于君主而感到满意。因此，那些愿意做良民的人势必更加爱戴君主，而那些别有怀抱的人则势必更加害怕他。至于那些想从外部进攻这个国家的人，就必须非常谨慎，因为当君主驻节其地之日，想把它从君主手里夺取过来是极困难的。

另一个更好的对策，就是在一两处可以说是那个国家要害①之地派遣殖民，因为这样做是必要的，否则就有必要在那里驻扎大批步兵和骑兵，二者必择其一。而君主在殖民这件事情上不用花费许多钱财；他无需花费，或者只要支出很少费用就能够移送殖民，并且使他们驻屯在那里。而君主所触犯的人们只是因为他们的田地房舍被拿去给新来的殖民的一些人，而这些人只是那个国家的极少数的一部分人。同时被触犯的这些人仍然散居各方并且仍然是贫困的，因此是永远不能够对君主为害的；而且，所有其余的人都没有受到侵害，因此对他们加以安抚是容易不过的。同时，由于他们害怕自己遭遇将如同那些被掠夺的人们一样，他们就战战兢兢不敢犯错误。

我的结论是：这种殖民并不靡费，而且比较忠实可靠，触犯的人也较少；而被触犯的人，正如上面已经说过的，既贫困而且散居各方，是不能为害的。关于这一点，必须注意的是：对人们应当加以爱抚，要不然就应当把他们消灭掉；因为人们受到了轻微的侵

① “要害”原文为拉丁文“compedes”，意即关键或重要据点（ceppi）。

害，能够进行报复，但是对于重大的损害，他们就无能为力进行报复了。所以，我们对一个人加以侵害，应当是我们无需害怕他们会报复的一种侵害。

但是如果在那里以驻屯军队来代替殖民的话，由于维持驻屯军不得不把那个国家获得的全部收入耗费掉，这样耗费就更多了；结果所得反而变成损失，而且得罪的人就更多了，因为由于他的军队从这里到那里辗转调动，那个国家全部受到损害，对此每一个人都感到痛苦，于是一个个都变成他的仇敌了。他们虽然被打败了，可是仍然在他们自己的老家里，是能够为害的敌人。因此，无论从哪方面说来，驻屯军队是不中用的，而殖民却是有益的。

再说，一个君主如果占有上面所说的在语言、习惯和各种制度上同本国不同的地区，他就应当使自己成为那些较弱小的邻近国家的首领和保护者，并且设法削弱它们当中较强大的势力，同时要注意不让任何一个同自己一般强大的外国人①利用任何意外事件插足那里。而且常常会发生这样的情况：那些心怀不满的本地人，由于分外野心或者由于恐惧，把外国人引进来了。正如大家所知道的，罗马人就是由埃托利亚人给引入希腊的；②而且罗马人过去侵入的任何地方都是由那个地方的人给引入的。事情的经过常常是这样的：当一个强大的外国人一旦侵入一个地区的时候，在这个地区里所有那些较弱小的势力，由于对那个凌驾在他们头上的强

① 强大的外国人（uno forestiere potente），意指强大的外国君主。

② 公元前的2世纪，希腊的埃托利亚人及其他希腊城邦，为了反对与迦太基结盟的马其顿国王菲利普五世，因此与罗马人结盟，让罗马人进入希腊。其直接目的是为了打消菲利普五世对希腊各城邦的野心。

大势力的嫉妒作祟，就会立即依附这个入侵的外国人。因此把这些弱小的势力笼络过来并不需要什么气力；因为他们全体会立即甘心情愿同他所已经征服的国家联结成为一体。他只要注意不要让他们取得太大的力量和太大的权威；他依靠自己的力量并且在他们的帮助下，是能够很容易迫使那些较强大的势力屈服的，从而能够继续成为这个地区的完全的主宰。但是如果他没有把这件事情处理好，他就会很快地把已经赢得的一切丧失掉，而且当他拥有这个地区的时候，他会感到无限的困难与烦恼。

罗马人在他们夺得的地方，很认真地遵守这些办法，他们派遣殖民，安抚弱国，但是不让弱国的势力增长；他们把强大的势力压下去，不让一个强大的外国人赢得声誉。我觉得只要举希腊这个地方为例就足够了。[①] 罗马人当时同〔希腊〕阿凯亚人和埃托利亚人修好，打倒了马其顿王国；把安蒂奥科驱逐了[②]；然而从来没有让阿黑亚人或者埃托利亚人由于立了功劳而使他们的势力有任何增长。同时，无论菲利普怎样劝说也不能诱使罗马人成为他的朋友而不把他打倒。而且安蒂奥科的势力也不能够使罗马人同意他在那个地方保有任何地位。因为在这些情况下，罗马人所作所为

---

① 此处指公元前2世纪前后罗马人介入希腊各城邦与马其顿王国斗争的史实。

② 公元前214年马其顿国王菲利普五世(Philipo V，公元前231—前179)与迦太基汉尼拔结盟，对付罗马及希腊各城邦。因此罗马与希腊各城邦结盟。公元前197年罗马人打败菲利普。由是罗马人控制了马其顿和希腊。在希腊中部的埃托利亚联盟的请求下，公元前192年叙利亚国王安蒂奥科三世(Antioco III，公元前223—前187)出兵支援希腊，小亚细亚的希腊城邦则请求罗马人帮助。公元前190年，安蒂奥科被罗马人打败，于是年媾和被迫放弃全部小亚细亚土地。其后马其顿复苏，但在公元前186年再度被罗马人消灭，曾帮助马其顿的希腊人亦受到镇压。

正是所有明智的君主都应该做的:他们需要考虑的不仅是当前的患难,还有未来的患难。他们必须竭其全力,对那些患难做好准备,因为患难在预见的时候是容易除去的,但是如果等到患难临头,病入膏肓时就无可救药了。关于这一点,正如医生们就消耗热病患者所说的情况一样,在患病初期,是治疗容易而诊断困难;但是日月荏苒,在初期没有检查出来也没有治疗,这就变成诊断容易而治疗困难了。关于国家事务也是这样,因为如果对于潜伏中的祸患能够预察于幽微(这只有审慎的人才能够做到),就能够迅速加以挽回。但是如果不曾察觉,让祸患得以发展直到任何人都能够看见的时候,那就无法挽救了。

所以,罗马人预先看到麻烦就立即加以补救,而且从来不曾为了避免战争而让它发展下去,因为他们知道不应该逃避战争,宕延时日只是有利于他人。因此,他们要同菲利普和安蒂奥科在希腊作战,以免将来不得不在意大利作战。虽然他们当时本来能够避免这两场战争,但是他们不想这样做。他们绝不喜欢我们这个时代的聪明人口中常常念叨的"享受时间的恩惠吧"[①]这句话,而宁愿享受他们自己的能力和审慎的恩惠。因为时间把一切东西都推到跟前:它可能带来好事,同时也可能带来坏事;而带来坏事,同时也带来好事。

但是,让我们回过头来看看法国,并且考查一下它是否做过上述任何一件事情。我想谈谈路易[②]而不谈查理[③],因为前者占据意

① 原文:"di godere el benefizio del tempo",是当时意大利和法国流行的谚语。
② 指法国国王路易十二世(1462—1515),下同。
③ 指法国国王查理八世(1470—1498),下同。

大利时期较长[①]，他的发展更便于观察。你会察觉，他的所作所为，同想要在一个大不相同的地区保有一个国家所应当做的事情，正是南辕北辙。

法国国王路易是由于威尼斯人的野心而被引入意大利的，因为威尼斯人想通过他的干涉获得半个伦巴第。我不想责难法国国王所采取的这个决策，因为他想在意大利获得一个立足点，而他在那个地方又没有朋友，不但如此，还由于过去国王查理的行动[②]使路易十二世尝尽闭门羹，于是他不得不接受自己能够得到的那些友谊。而且假如他在处理其他事情的时候没有犯错误的话，他这个意图是会很快地实现的。这位国王（路易十二世）由于占领伦巴第，立即重新获得了查理所早已丧失的威名：热那亚投降了；[③]佛罗伦萨人成了他的朋友；曼托瓦侯爵[④]、费拉拉公爵[⑤]、本蒂沃利奥[⑥]、富尔利夫人[⑦]、法恩扎[⑧]、佩萨罗[⑨]、里米尼、卡梅里诺[⑩]、皮奥

---

① 查理八世于1494年9月2日侵入意大利，相当迅速地占据那波利王国，但于1495年10月随即丧失。其后路易十二世攻占意大利北部，自1499—1512年，时期较长。

② 查理八世于1494年进攻意大利，一度成为那波利的主宰，至1496年完全失败；但查理的远征已成为外族入侵意大利时期的开始。

③ 热那亚（Genova），脱离米兰的支配，接受法国的保护。

④ 曼托瓦侯爵（Marchese di Mantova）即詹弗朗切斯科·贡扎加（Gianfrancesco Gonzaga，1484—1519）。

⑤ 费拉拉公爵（Duca di Ferrara）是埃斯特家族的埃尔科莱一世，已见前注。

⑥ 本蒂沃利奥（Giovanni Bentivoglio）是波洛尼亚的统治者（Signore di Bologna）。

⑦ 富尔利夫人（Madonna di Furli）是富尔利的女统治者（Signora di Furli）卡德林娜·斯福尔扎（Caterina Sforza，1463—1509）。

⑧ 法恩扎的统治者（Signore di Faenza）是阿斯托雷·曼弗雷迪（Astorre Manfredi）。

⑨ 佩萨罗（Pesaro）的统治者是潘多尔科·马拉泰斯塔（Pandòlqo Malatesta）。

⑩ 里米尼和卡梅里诺（Rimini e Camerino）的统治者是朱利奥·切萨雷·瓦拉诺（Giulio Cesare Varano）。

姆比诺[1]等地的统治者，还有卢卡人、皮萨人、锡耶纳人，全都逢迎他，要成为他的朋友。只是到了这个时候，威尼斯人才能够察觉自己所采取的办法是多么鲁莽！他们为了获得伦巴第的两个城镇，却使法国国王变成意大利三分之二的土地的统治者。

试细想一下：如果法国国王遵守我在上面所说的规则，牢牢地维系着他所有的朋友并且给以保护的话，那么，他要保持自己在意大利的威望又有什么困难呢！因为他们虽然为数众多，可是既弱小又胆怯，有的害怕教廷，有的害怕威尼斯人，[2]因此他们总是不得不紧跟法国国王，从而他只要借助他们就能够轻而易举地使自己稳如泰山地对抗那些仍然是强大的势力。可是他一进入米兰却反其道而行之；他反而援助教皇亚历山大占据罗马尼亚，[3]他永远没有想到，由于此项决策使他失去了朋友和那些原来投靠他保护的人们，他削弱了自己的势力；而另一方面，教廷由于宗教权力本身就获得很大的权威，现在法国国王又给他增加了巨大的世俗权力，于是势力大增。法国国王犯了头一个错误之后，不得不继续错下去，直到最后为了抑制亚历山大的野心，以及为了阻止他成为托

① 皮奥姆比诺(Piombino)的统治者是贾科莫·德·阿皮亚诺(Giacomo d'Appiano)，雇佣军队长。

② 罗马教廷和威尼斯在14世纪末叶，通过势力扩张，变成意大利的两个最大的强国。

③ 教皇亚历山大，原名罗德里戈·博尔贾(Rodrigo Borgia，1431—1503)，通过贿赂当选为教皇亚历山大六世(Alesandro VI 在位：1492—1503)，使教皇政权日益世俗化；他还通过其私生子切萨雷·博尔贾(即著名的瓦伦蒂诺公爵)以教廷保护人的资格，把意大利的罗马尼亚(Romagna)置于教廷的直接统治之下。但事实上，瓦伦蒂诺公爵企图将它变为自己的国家。

斯卡纳的统治者，他甚至不得不亲自跑到意大利去。① 他使教廷的势力大增并且失去了一些朋友却好像还不够似的，他一心垂涎那波利王国，便同西班牙国王分割这个王国。② 他原先是意大利的主宰，可是现在他带来一个伙伴，于是那个地方的野心家和心怀不满的人们在那里有申诉的地方了。而且他本来可以让一个向他纳贡的人③留在那个王国为王，可是他却把他撵走，而带来另一个人——一个能够把自己赶走的人。

获取领土的欲望确实是很自然的人之常情。人们在他们的能力允许的范围内这样做时，总会为此受到赞扬而不会受到非难。但是，如果他们的能力有所不及，却千方百计硬是要这样干的话，那么，这就是错误而且要受到非难。因此，如果法国能够依靠自己的军队进攻那波利的话，它就不应该把那波利瓜分。如果说，法国所以同威尼斯人分割伦巴第，是因为法国借此在意大利赢得插足之地，因而做得对，那么，另一次的瓜分就应该受到非难，因为后一次瓜分并没有那种必要为其辩解。

因此，路易十二世犯有这样五个错误：他灭掉弱小的国家；扩大了在意大利的一个强国的势力；把最强有力的外国人④引入意

① 路易十二世于1502年7月回到意大利，一部分原因是制止瓦伦蒂诺公爵继续向托斯卡纳扩张，同时也为了准备征服那波利王国。

② 1500年11月路易十二世同西班牙国王"天主教徒费尔迪南多二世"(Ferdinando II il Cattolico，1452—1516)缔结格拉纳达(Granata)条约，商定把那波利夺取过来，法国和西班牙瓜分了那波利，但是后来两个国王分裂，路易十二世战败，法国人于1504年从所占领的那波利部分领土上被赶走。

③ 纳贡的人(pensionario)或作"臣服的人"解，此指那波利的阿拉冈国王费代里科一世(Federico I)。

④ 指号称"天主教徒费尔迪南多"的西班牙国王费尔迪南多二世。

大利;他既不驻节那里;又不遣送殖民到那里去。

假使路易十二世不是由于夺取威尼斯人的领土从而犯了第六个错误的话,那么当他在世的时候,那些错误是不足以损害他的威望的。因为假如他不曾使教廷的势力扩大,不曾把西班牙人引入意大利,那么他使威尼斯人屈服是理所当然和势所必至的。可是由于他已经采取了那些办法,他就绝不应该同意让威尼斯灭亡:因为如果威尼斯人强大的话,他们就不会让他人对伦巴第打主意;因为威尼斯人除非使自己成为那里的主宰之外绝不会同意这种企图的;还因为,别国绝不会愿意从法国手中夺取伦巴第以便把它送给威尼斯人,而且不会有同两者为敌的勇气。

如果有人说,法国国王路易是为了避免战争才把罗马尼亚让给教皇亚历山大六世,把那波利王国让给西班牙的。根据上述的理由,我回答说:人们绝不应当为了逃避一场战争而听任发生混乱,因为战争不是这样逃避得了的,延宕时日只是对自己不利而已。如果又有人引证说:法国国王答应了教皇,他援助教皇的事业就是以〔教皇同意〕解除他的婚姻关系和让罗阿诺担任枢机主教作为交换条件。① 关于这一点,以后论述君主的信义和应该怎样守信时,我将给以回答。

因此,法国国王路易丧失了伦巴第就是由于没有遵守那些占

① 路易十二世取得教皇亚历山大的认可,同其妻焦万娜(路易十一世之女、查理八世的姊妹)离婚,以便于1499年同查理八世的遗孀(布列塔尼的安妮皇后)结婚,从而取得布列塔尼公国的统治权,并由教皇同意罗阿诺(Roano,1460—1510),即“国王顾问”乔治·达布瓦斯(Giorgi d'Amboise)由鲁恩总主教升任枢机主教。另一方面,路易十二世则支持教皇对罗马尼亚的攻取。

有领土并且保持领土的人们所应当遵守的条件。这不是什么稀奇的事情，而只是理所当然和势所必至的。关于这件事情，当瓦伦蒂诺（教皇亚历山大六世之子，切萨雷·博尔贾[①]在老百姓中的通称）占领罗马尼亚的时候，我在南特（Nante）曾经同罗阿诺枢机主教谈及。[②] 他对我说：意大利人不懂得战争；我就回答他说，法国人不懂得政治，因为如果他们懂得政治的话，就不会让教廷的势力这样扩大。经验表明：教廷和西班牙在意大利的强大势力是由法国造成的，而法国的崩溃是由它们造成的。由此可以得出一条永远没错或者罕有错误的一般规律：谁是促使他人强大的原因，谁就自取灭亡。因为这种强大是由于他用尽心机否则就是使用武力促成的，而那个变成强大的人对于这两者都是猜疑的。

---

① 切萨雷·博尔贾（Cesare Borgia，1475 或 1476—1507），是罗德里戈·博尔贾（后任教皇，称亚历山大六世）和罗马妇女万诺扎·代·卡塔内（Vannozza dei Cattanei）的私生子，后在亚历山大六世的支持下，1493 年任西班牙瓦伦西亚的枢机主教，1499 年由法国国王授予瓦伦蒂诺公爵。

② 1500 年马基雅维里第一次出使法国宫廷，有机会同罗阿诺枢机主教（cardinale di Roano）晤谈。

第四章　为什么亚历山大大帝所征服的大流士王国在亚历山大死后没有背叛其后继者

有些人在考虑保有一个新获得的国家而存在的困难时，可能会感到奇怪：为什么亚历山大大帝[①]在几年间变成了亚洲的主宰，而且在他还没有完全征服亚洲的时候就死了，这样一来，全国发生叛乱似乎是理所当然的了，可是亚历山大的后继者们却继续保住江山，而且除了由于他们自己的野心在他们当中出现困难之外，[②]他们并没有遭遇到其他困难。对此，我回答说：有史以来的君主国都是用两种不同的方法统治的：一种是由一位君主以及一群臣仆统治——后者是承蒙君主的恩宠和钦许，作为大臣辅助君主统治王国；另一种是由君主和诸侯统治——后者拥有那种地位并不是由于君主的恩宠而是由于古老的世系得来的。这种诸侯拥有他们自己的国家和自己的臣民。这些臣民把诸侯奉为主子，而且对他们有着自然的爱戴。至于那些由一位君主及其臣仆统治的国家，对他们的君主就更加尊敬

---

① 亚历山大大帝（Alessandro Magno），指马其顿国王亚历山大（在位是公元前336—前323），通过战争控制整个希腊后；于公元前335年东征波斯，战败大流士三世；南侵埃及，建亚历山大城；远征北印度，公元前325年从印度败退；死于巴比伦。

② 亚历山大大帝死后，其继承人为瓜分帝国内讧，经常进行斗争。

了，因为人们认为在全国只有他是至尊无上的。如果他们服从其他任何人，他们只是把此人看做是代理人和官员，对他并不特别爱戴。

在我们的时代里，关于这两种不同政体的例子就是土耳其皇帝和法兰西国王。土耳其皇帝的君主国是由一位主子统治的，其余的人都是他的臣仆。土耳其皇帝把他的王国划分为若干"州"①，他派遣各种行政官员到那里去，并且可以随心所欲地调动或者撤换他们。但是法兰西国王却处在古来就有的一大群贵族当中，这些贵族又为他们的臣民所公认和爱戴，这些贵族又都拥有各自的特权。国王除非自己冒险行事，否则是不能够剥夺这些特权的。因此，一个人如果考察这两个国家，就会认识到要占领土耳其皇帝的国家是困难的，但是如果一旦予以征服，保有这个国家却是很容易的。反之，事实证明：从某些方面来说，占领法兰西这个国家是比较容易的，而要保有它却是困难的。

占领土耳其皇帝的王国之所以困难，其原因在于入侵者不可能由王国的王侯们召唤进来，也不能够指望倚靠皇帝周围的人们叛变使其谋划获得便利。这是基于上述的理由，因为他们全是君主的奴隶和奴才，要收买他们是很困难的；而且即使把他们收买了，也不能够指望从他们那里得到多大好处，因为他们不能够牵着人民跟随他们，其理由已如上述。因此，向土耳其进攻的人必须想到：他将会遇到一个团结一致的国家，他必须依靠自己的力量而不是依靠别人的叛乱。但是如果一旦征服了土耳其皇帝，并且把他

① "州"("sangiaccati")来自土耳其语"旗"("sangiaq")，是土耳其行政区域，类似现代的省份，此名称沿用至1921年。

打得一败涂地以致不能够重振旗鼓，那么除了君主的家族之外便没有什么可怕的人了。而君主的家族被灭绝之后，由于其他的人们原来都没有得到人民的信赖，因此再没有什么可怕的人了；而且因为征服者在自己取得胜利之前并不曾依靠他们，从而其后也不需要害怕他们。

在那些像法国那样统治的王国里，情况就恰好相反：因为在那里常常有不满分子和希望变革的人，如果你把这个王国的某些贵族争取过来，就很容易侵入那里。由于上述理由，这些人会为你的入侵开路，使你轻而易举地取得胜利。但是如果以后想要保有这个国家，你就会遇到无限的困难，它来自那些曾经帮助你的人们和你已经打败的人们。你只是消灭了君主的家族，那是不够的，因为残存的贵族将成为新变革的首领。而且，由于你既不能使他们心满意足，又不能灭绝他们，因此，当他们的时机一旦到来的时候，你就会失去这个国家。

现在，如果你考察一下大流士政府的性质，你就会察觉它同土耳其皇帝的王国相似；因此，亚历山大大帝首先必须把大流士完全打垮，并且从他手中把土地夺取过来。在赢得这样的胜利之后，大流士死了①，亚历山大大帝终于牢固地占有这个国家就是由于上述的理由。而且，假如亚历山大的后继者们团结一致的话，他们本来能够牢牢地并且安逸地享有这个国家，如果不是由于他们自己引起骚乱，那个王国是不会发生其他骚乱的。

---

① 大流士（Dario）指波斯国王大流士三世（Dario III，在位是公元前 337—前 330），又名科多曼诺（Codomanno），一再被马其顿的亚历山大的远征军打败，公元前 331 年全军覆没，大流士逃脱，后被自己的州长杀害。

但是，那些像法国这样组织的国家，可就不能这样平稳地被占有了。在西班牙、法国和希腊之所以屡次发生反罗马人的叛乱，就是因为在这些国家里面有无数的小王国。当他们的记忆尚未消失的时候，罗马人总是不能够稳然占有其地的。但是，一旦由于罗马帝国的权力和统治的长久性使他们的记忆烟消云散的时候，罗马人就成为这些地区牢固的占有者。后来，当罗马人之间发生内战的时候，他们当中的每一个人由于各自在这个国家的某一部分已经树立了权威，他就能够使那里的人们追随自己。而且由于以前的主子的家族已经灭绝，除了罗马人之外，再没有其他人获得承认了。

因此，当我们考虑到这一切事情的时候，对于下述情况便不会感到惊讶：亚历山大保持亚洲的领土颇为容易；而别的人，像皮尔罗①以及许多人，保全所获得的地方却有困难，这并不是由于胜利者的能力有大有小，而是由于被征服者的情况有所不同使然。

---

① 皮尔罗(Pirro，公元前318？—前272)，古希腊埃皮罗国王(re dell'Epiro)，以军事天才见称，在公元前279年曾以重大损失为代价打败罗马军队，侵占西西里和南意。公元前275年终被罗马人战败，公元前272年在希腊作战阵亡。

第五章　对于占领前在各自的法律下生活的城市或君主国应当怎样统治

如果被征服的国家，像上面所说的那样，向来习惯于在它们自己的法律之下自由地生活的话，那么想要保有这种国家有三种办法：其一是，把它们毁灭掉；其二是，亲自前往驻在那里；其三是，允许它们在它们自己的法律之下生活，同时要它们进贡并且在那个国家里面建立一个对你友好的寡头政府[①]。因为这样的一个政府是由君主建立的，它知道如果不倚靠他的友谊和力量，它就不能够继续存在，于是竭其全力拥护君主。而且如果君主想要保有一个向来习惯于自由生活的城市，那么借助于这个城市的市民比依靠任何其他方法容易得多。

斯巴达人和罗马人就是两个例子[②]。斯巴达人依靠在当地建立一个寡头政府来控制雅典和底比斯；但是结果仍然失掉雅典和

---

① “寡头政府”(uno stato di pochi)意谓由被征服的国家的少数公民组成对征服者效忠的政府。

② 此处指公元前斯巴达在战胜雅典的伯罗奔尼撒战争后的各国历史情况。当时雅典建立了所谓“三十专制者”的政府，这些专制者很快就被特拉西布洛(Trasibulo)在公元前403年搞掉。斯巴达人在公元前382年占领底比斯之后又采取同样方法，但是在公元前379年回到底比斯故国的贝洛皮达斯(Pelopidas)把十名专制者搞掉了。

底比斯。罗马人为着保有卡普阿①、迦太基②和努曼齐阿③，把它们毁灭了，就没有失去它们。可是罗马人想同斯巴达人那样保有希腊，让它享有自由并且允许它的法律存在，他们却没有获得成功。因此，他们为着保有希腊，不得不把那个地区的许多城市加以破坏。因为要稳固地占有它们，除了毁灭它们之外，确实没有别的办法。从而任何人一旦成为一个城市的主子，如果这个城市原来习惯于自由的生活，而他不把这个城市消灭，他就是坐待它把自己消灭。因为这个城市在叛乱的时候，总是利用自由的名义和它的古老的秩序作为借口。而这两者尽管经过悠久的岁月或者施恩授惠都不能够使人们忘怀。除非将那里的居民弄得四分五裂或者东离西散，否则无论你怎么办或者怎样预防，他们还是永远不会忘掉那个名义和那种秩序的，正如在佛罗伦萨人羁绊下百年后的皮萨一样，人们遇有任何不测之事就立即想起它们。

但是如果一些城市或者地区在君主统治下生活惯了，而现在，君主的家族已经被消灭，那么，一方面由于它们现已习惯于服从；另一方面由于旧日的君主没有了，它们既不能够意见一致地在它们当中另立一个君主，同时它们又不懂得怎样自由地生活。因此，它们揭竿而起是来得很慢的，从而使一位君主能够轻而易举地获得它们。但是在共和国里，就有一种较强的生命力，较大的仇恨和较切的复仇心。他们缅怀过去的自由，就不平静，而且也不能够平静下来。因此，最稳妥的办法就是把他们消灭掉，或者驻在那里。

---

① 卡普阿(Capua)于公元前 221 年被毁灭。

② 迦太基(Cartagine)于公元前 146 年被毁灭。

③ 努曼齐阿(Numanzia)于公元前 133 年被毁灭。

第六章　论依靠自己的武力和能力获得的新君主国

当论述君主和国家都是全新的君主国的时候，我援引最重大的事例，任何人都不应该感到惊异。因为人们几乎常在他人走过的道路上走，并且效法他人的事迹，虽然他们并不能够完完全全地沿着别人的道路或者不能够取得他们所效法的人的功效。然而一个明智的人总是应该追踪伟大人物所走过的道路的，并且效法那些已经成为最卓越的人们。这样一来，即使自己的能力达不到他们那样强，但是至少会带有几分气派。他要像那些聪明的射手那样行事，当他们察觉想要射击的目标看来距离太远，同时知道自己的弓力所能及的限度，他们瞄准时就比目标抬高一些，这并不是想把自己的箭头射到那样高的地方去，而是希望由于瞄准得那样高，就能够射中他想要射的目标。

因此我断言，在一个全新的君主国里——那儿是新君主的时候，为了保有这种国家而遇到的困难有大有小，这是按照获得这种国家的人的能力之大小而异的。由布衣一跃而为君主，就是以能力或者幸运为其前提条件，从而在这两者当中任何一者都会使得许多困难减轻几分，这是显而易见的。可是，最不倚靠幸运的人却是保持自己的地位最稳固的人。再说，如果君主没有其他领土而不得不亲身到那里驻扎下来的话，那就更为有利了。

但是，谈到那些依靠本人的能力而不是依靠幸运崛起成为君主的人们，我说最出类拔萃的范例是摩西[①]、居鲁士[②]、罗慕洛、提修斯以及如此之类的人们[③]。虽然关于摩西，因为他只是上帝托付给他的事务的执行者，我们不应该予以讨论，可是仅仅从那些优美的品质使他有资格同上帝谈话这一点说，他就应该受到人们的赞叹。但当我们考察一下居鲁士以及其他获得了或者创建了王国的人们，我们就会觉得他们全都是值得钦佩的。如果我们考察一下他们各自的行迹和做法，我们就会察觉这同摩西的行迹和做法并没有什么出入，虽然摩西有那样伟大的一位老师。当我们研究他们的行迹和生活的时候就会知道：除了获有机会之外，他们并没有依靠什么幸运，机会给他们提供物力，让他们把它塑造成为他们认为最好的那种形式。如果没有这种机会，他们的精神上的能力(la virtù dello animo)就会浪费掉；但是，如果没有那样的能力，有机会也会白白地放过。

因此，对摩西说来，必须在埃及找到被埃及人奴役与压迫的以色列民族，他们为了从这种奴隶状态中摆脱出来，愿意追随他。而罗慕洛则必须不再留在阿尔巴，并且必须在他出生的时候就被遗

---

① 摩西(Moise)基督教圣经中的希伯来先知和立法者。

② 居鲁士(Salvo Ciro，公元前558? —前528)波斯国王、波斯帝国奠基人。领导波斯人出征，俘虏梅迪国王，自公元前550年成为梅迪人和波斯人的国王，公元前539年征服巴比伦，成为巴比伦人的国王。

③ 马基雅维里在此处引用的人物，除居鲁士一人外，其他都是传说中的人物。西方学者对此有各种评论。但是这些传说中的某些人物及其事迹并不能肯定全部是没有历史根据的。特别是从西欧文化的历史背景与传说中和宗教上的人物在人们精神生活中占有的地位，马基雅维里的例示与分析显然会产生吸引人的效果和特殊的说服力。

弃,日后他才能够成为罗马的国王和祖国的奠基者[①]。居鲁士则必须察觉波斯人对梅迪人的统治不满,同时梅迪人由于长时期处于和平状态从而变成柔顺软弱的人。至于提修斯[②],如果不曾遇到涣散的雅典人,他就不能够发挥他的能力。因此这些机会使得这些人走了运,同时由于他们具有卓越的能力,使他们能够洞察这种机会,从而利用这些机会给他们的祖国增光并且为国造福。

那些依靠能力而成为君主的人,在取得君权的时候是困难的,但是以后保持它就容易了。在取得君权时发生的困难,一部分是由于他们为着建立他们的国家和确保安全,不得不采取新的规章制度。而且必须记住,再没有比着手率先采取新的制度更困难的了,再没有比此事的成败更加不确定、执行起来更加危险的了。这是因为革新者使所有在旧制度之下顺利的人们都成为敌人了,而使那些在新制度之下可能顺利的人们却成为半心半意的拥护者。这种半心半意之所以产生,一部分是这些人由于对他们的对手怀有恐惧心理,因为他们的对手拥有有利于自身的法律;另一部分则是由于人类的不轻易信任的心理——对于新的事物在没有取得牢

---

① 罗慕洛(Romulo,公元前735—前716),传说中罗马的奠基者和第一位国王。相传罗慕洛及瑞穆斯是阿尔巴-隆伽城国王的女儿和战神所生的双生子。因王弟篡位受到迫害,被投河中,为母狼所救在山洞哺育,并由牧羊人抚养成人。罗慕洛恢复统治权后在母狼哺育地,以本人名字创建罗马城并成为该城的第一个国王;并且“相传罗慕洛第一次把土地分配给个人,每人大约一公顷(二罗马亩)”。罗马土地私有由此起源。(参看恩格斯:《家庭、私有制和国家的起源》,单行本,第119页。)

② 提修斯(Teseo,即Thesus)是古希腊著名的英雄,传说中的雅典国王和雅典国家的奠基者。他把原来分散的部落组成一个统一的国家,设立一个中央机关管理共同事务,产生了雅典民族的法律,从而跨出了摧毁氏族制度的第一步。(参看恩格斯:《家庭、私有制和国家的起源》,单行本,第107页、第108页。)

靠的经验以前，他们是不会确实相信的。因此，当那些敌人一旦有机会进攻的时候，他们就结党成帮地干起来；而另一方面，其他的人们只是半心半意地进行防御。为此，君主同他们在一起是危险重重的。

如果我们想透彻地探讨这件事情，那就必须研究这些革新者是依靠自己还是倚靠他人；换句话说，为着实现其宏图大略，他们必须恳求人们，抑或是使用强迫的方法；在第一种场合，结果总是恶劣的，并且永远不会取得什么成就。但是如果他们依靠自己并且能够采取强迫的方法，他们就罕有危险。所以，所有武装的先知都获得胜利，而非武装的先知都失败了。因为，除了上述理由之外，人民的性情是容易变化的；关于某件事要说服人们是容易的，可是要他们对于说服的意见坚定不移，那就困难了。因此事情必须这样安排：当人们不再信仰的时候，就依靠武力迫使他们就范。

假使摩西、居鲁士、提修斯和罗慕洛不曾拿起武器，他们就不能够使人长时期地遵守他们的戒律，正如我们这个时代的季罗拉莫·萨沃纳罗拉修道士①的遭遇一样。当大众一旦不再相信他的时候，他就同他的新制度一起被毁灭了，因为他既没有办法使那些曾经信仰他的人们坚定信仰，也没有办法使那些不信仰的人们信

---

① 季罗拉莫·萨沃纳罗拉修道士（Fra' Girolamo Savonarola，1452—1498），佛罗伦萨宗教改革家。1475 年为多米尼加会修道士。五年后进佛罗伦萨圣马尔科修道院传教，抨击当时教会和教士腐化堕落，主张改革和复兴宗教，并建立一个有效的共和政府。1491 年萨沃纳罗拉成为圣马尔科院长，对佛罗伦萨政治影响日增。1494 年，自梅迪奇家族被驱逐出佛罗伦萨后，萨沃纳罗拉掌握了佛罗伦萨的支配权，主持制定 1494 年宪法；至 1497 年为其全盛时期。但为教皇亚历山大四世所敌视，其势力骤然削弱，1498 年作为异端者被捕，并被烧死。

仰。所以,像这样的人物,在行动中有着巨大的困难。他们的一切艰险就在前进的道路上。他们必须运用力量加以克服,而一旦克服了困难,他们就会开始受到人们的尊敬,当他们消灭了那些对他们的高位嫉妒的人们之后,他们就能够继续享有权势、安全、尊荣和幸福了。

在这些重要的例证之外,我想增添一个较小的例证。它同它们有某些共通之处。而且我认为这个例证可以作为所有其他这样一类事例的代表,这就是锡拉库萨的耶罗内。① 他从平民一跃而为锡拉库萨的君主;他除了抓着时机之外并没有依靠其他什么幸运。因为锡拉库萨人当时遭受压迫,于是选择他作为他们的军事首领,后来由于崇德报功便把他拥立为王。他甚至在身为平民的时候就有巨大的能力,以至一个论述他的人说道:"他做国王,除需要有领土之外,本身无所不备"。② 他解散了旧的军队,组织新的军队,抛弃了旧的友谊,另缔新交。由于他有了自己的盟友和军队,他就能够在这个基础之上建立起任何一座大厦。因此,虽然他在取得王国的时候经受了许多艰难困苦,但是他在保持王国的时候,就很少困难了。

① 耶罗内(Ierone Siracusano,公元前 308? —前 215),此处指锡拉库萨的暴君耶罗内二世(在位:公元前 269—前 215)。

② 原文:"quod nihil illi deerat ad regnandum praeter regnum"。此语引自第三世纪罗马史学家查士丁尼(M. J. Justinus)所著《历史》(《*Historiarum Philippicarum*》)。正确的原文应该是:"ut nihil ei regium deesse praeter regnum videretur,"见该书第 23 章第 4 节。

第七章　论依靠他人的武力或者由于幸运而取得的新君主国

那些光靠幸运，从平民崛起成为君主的人们，在发迹时并不很辛苦劳瘁，但是保持其地位时就很辛苦劳瘁了。当他们在途中的时候并没有任何困难，因为他们是在那里飞翔。可是等到他们落脚之后，一切困难就应运而生了。那些依靠金钱或者由于他人的恩惠赐予而获得某一国家的人们就是这样的人。在希腊的伊奥尼亚和赫莱斯蓬等城市，就有许多这样的事例。在这些城市里，他们是由大流士立为君主的，为的是使他们为着大流士的安全和荣誉而保有这些城市。还有那些依靠收买军队，从平民跃登宝座的皇帝们亦复如此。

这些统治者都是单纯依靠别人承认自己掌权的好意和幸运。而这两者都是变化无常、毫不稳定的。这类人既不懂得怎样去保持而且也不可能保持他们的地位。他们之所以不懂得，因为除非他们是具有卓越才智和能力的人，我们没有理由期望那些先前常常过着平民生活的人们懂得怎样发号施令；他们之所以不能够保有国家，因为他们不是拥有对自己友好的和忠诚的武力。再说，遽然勃兴的国家，如同自然界迅速滋生长大的其他一切东西一样，不能够根深蒂固、枝丫交错，一旦遇到一场狂风暴雨就把它摧毁了。除非像刚才说过的，那些突然之间一跃而为君主的人们是很有能力的人，他们知道必须立即做好准备保持由幸运投到他们怀中之物，并且在当上国王以后奠定基础——这些基础在他人说来是在作为国王之前就已经奠定了的。

关于依靠自己的能力或者依靠幸运而成为君主这两种方法，我想提出尚在我们脑海中的两个例子。这就是弗朗切斯科·斯福尔扎和切萨雷·博尔贾这两个人。弗朗切斯科运用适当的手段，依靠自己卓越的能力，由平民一跃而为米兰公爵。他取得其地位时备极辛苦，事后保持其地位就没有多少困难了。另一方面，那位被老百姓称为瓦伦蒂诺公爵的切萨雷却是依靠他父亲的好运而取得那个国家的。可是后来由于这种好运消失，他也就亡国了，尽管他在这个依靠他人的武力和依靠幸运而获得的国家里，为着使自己能够在那里扎根，已经采取了各种措施并且凡是一个明智能干的人应做的一切事情他都做了。因为，正如以上所述，一个人如果在开头的时候没有奠定基础，事后可以运用巨大的能力去打基础，虽然这对于建筑师说来是很困难的，而且对于建筑物是很危险的。所以如果考察一下公爵的全部进展过程，我们就会看到他曾经为着他的未来的权力奠定牢固的基础。我认为讨论这件事并不是多余的。因为我不知道，除这位公爵的行动这个例子之外，对于一位新君主还有什么更好的教训。再说，如果他的处置无济于事的话，这并不是他本人的过错，而是由于运气极端的异常恶劣使然。①

---

① 此处指切萨雷·博尔贾当其父教皇亚历山大六世死时，本人正患病（1503年）。

教皇亚历山大六世为了提高他的儿子瓦伦蒂诺公爵的权力地位，遭遇到当时的和后来的重重困难。第一，他想不出什么法子能够使他的儿子成为不是教皇辖地的任何一个国家的君主；他知道，如果他要夺取本来属于教皇辖地的地域，米兰公爵和威尼斯人是不会同意的，因为法恩扎①和里米诺②都已经在威尼斯人的保护之下。除此之外，他知道意大利的军队，特别是本来可能帮助他的军队，全部掌握在那些可能害怕教皇势力扩大的人们手里，这些人是奥尔西尼家族③和科隆内家族④以及他们的追随者，因此他不能够依靠他们。所以，为了成为这些国家的一部分地区的主宰，他有必要打乱这种秩序，并且使他们的国家混乱不堪。对他来说，这是容易不过的，因为他察觉到威尼斯人由于其他理由所驱使，愿意再度把法国人招回意大利。他不但不反对这样做，而且还帮助法国国王路易解除了以前的婚姻关系，使事情更好办。于是法国国王在威尼斯人的帮助和亚历山大教皇的同意之下，长驱直入意大利。路易刚刚到达米兰，教皇为了夺取罗马尼亚便向他借兵，而罗马尼亚慑于法国国王的威名，便向教皇屈服了。

因此，瓦伦蒂诺公爵在夺取罗马尼亚，打败科伦内家族之后，想要保有获得的地方并且继续前进，就遇到两重障碍：其一是，他自己的军队看来并不忠诚；其次是，法国的意愿，这就是说，他恐怕

---

① 法恩扎(Faenza)意大利北部古城市。

② 里米诺(Rimino)意大利古城市，今称里米尼。

③ 奥尔西尼(Orsine)家族，在13世纪在罗马兴起，投身于军职，很多人任雇佣军的首领，受雇于切萨雷·博尔贾。

④ 科隆内(Colonnesi)家族，中世纪和文艺复兴时期罗马居统治地位的家族，在军界占有重要地位。

自己迄今利用的奥尔西尼家族的军队背弃他，这支军队不但可能阻碍他更有所获，甚至可能攫取他已经赢得的一切，他恐怕法国国王也可能是这样的一丘之貉。当他夺得了法恩扎之后进攻波洛尼亚的时候，他发现奥尔西尼家族对这次进攻的态度冷冰冰的，他对奥尔西尼就有了一个答案。当他拿下乌尔比诺公国之后进攻托斯卡纳的时候，法国国王阻止他的这项事业，于是瓦伦蒂诺公爵就看透国王的肺腑了。公爵决定再不依靠他人的武力和幸运了。

公爵所要做的头一件事，就是削弱奥尔西尼和科隆内这两个家族在罗马的党羽。为此目的，他笼络所有属于他们党羽的贵族们，使他们成为自己的贵族，给予重重的赏赐，并且按照他们的等级地位使他们荣任文官武尉。这样一来，他们原来对那些党派的感情，几个月间在他们心中烟消云散，而完全转过来向着公爵了。其后，当他把科隆内家族的人们解散之余，便等待时机以便消灭奥尔西尼家族。这个机会果然不久就到来了。他很好地利用了它。因为奥尔西尼（虽然为时已晚）终于察觉到：公爵和教廷的势力扩大，就意味着自己的灭亡，于是在佩鲁贾的马焦内村举行了一次会议①。结果，在乌尔比诺的叛乱和罗马尼亚的骚动爆发了，它们给公爵带来无限的危险。然而所有这一切危险在法国的帮助下他都消除了。公爵在恢复了他的声威之后，因为不愿由于依赖法国或其他外力而陷入危险之中，他便诉诸诡计。他深深懂得怎样掩饰

① 1502年10月9日在意大利佩鲁贾附近的小村庄马焦内那里举行会议。由奥尔西尼家族、波洛尼亚的本蒂沃利奥家族以及其他受到切萨雷·博尔贾的野心威胁的势力，结成了反博尔贾联盟。

自己的心意，他不惜献尽殷勤，笼络保罗·奥尔西尼[①]，奉送金钱、服饰和骏马，从而通过保罗的斡旋，使奥尔西尼的人同自己和好，而且由于他们的单纯使他们在西尼加利亚落入公爵的掌中。公爵消灭了这些首领并且使他们的党羽变成自己的朋友之后，他据有罗马尼亚全境和乌尔比诺公国，这就给自己的权力打下很好的基础。尤其是他觉得自己已经赢得罗马尼亚人的友谊，并且赢得所有这些人民的支持，因为人们现在已开始尝到他们幸福生活的甜头。

因为这一点很值得注意，而且值得他人效法，所以我想不应该把它略而不谈。当公爵占领罗马尼亚的时候，他察觉罗马尼亚过去是在一些孱弱的首领们统治之下，他们与其说是统治他们的属民，倒不如说是掠夺属民，给他们制造种种事端，使他们分崩离析而不是团结一致，以致地方上充满了盗贼、纷争和各式各样横行霸道的事情。他想使当地恢复安宁并服从王权，认为必须给他们建立一个好的政府，于是他选拔了一个冷酷而机敏的人物雷米罗·德·奥尔科[②]，并授予全权。这个人在短时期内恢复了地方的安宁与统一，因此获得极大的声誉。可是公爵后来因为害怕引起仇恨，认定再没有必要给他这样过分大的权力。于是他在这个地区的中心设立了一个人民法庭[③]，委派了一名最优秀的庭长，在那里

① 保罗·奥尔西尼（Signor Paolo〔Orsine〕）是奥尔西尼家族的头头之一，拥有军事力量，于1502年被切萨雷·博尔贾杀害于西尼加利亚（Sinigaglia）。

② 雷米罗·德·奥尔科（Remirro de Orco）原为切萨雷·博尔贾的军官，1501年被派往罗马尼亚代理博尔贾统治。1502年12月22日被投狱，26日被处决。

③ 人民法庭（iudicio civile）建立于1502年10月至11月之间，由平民的法律家组成，与军事法庭相对峙，而不是与刑事法庭相对峙的民事法庭。

每一个城市都设有他们自己的辩护人。因为他知道，过去的严酷已经引起人们对他怀有某些仇恨。为此，他要涤荡人民心中的块垒，把他们全部争取过来。他想要表明：如果过去发生任何残忍行为，那并不是由他发动的，而是来自他的大臣刻薄的天性。他抓着上述时机，在一个早晨使雷米罗被斫为两段，曝尸在切塞纳的广场上，①在他身旁放着一块木头和一把血淋淋的刀子。这种凶残的景象使得人民既感到痛快淋漓，同时又惊讶恐惧。

但是，让我们回到我们扯开的地方来吧！我说，这时公爵觉得自己十分强有力了，而且有几分把握，能够免于当前的危险，因为他已经按照自己的方法武装起来；加之，他已经把邻近可能侵犯自己的武力大部分消灭了。如果他想继续进行征服的话，他就必须考虑法国国王问题。因为他知道，法国国王察觉自己犯了错误为时已晚，再不会支援他了。因此，公爵开始寻求新的盟友。当法国向那波利王国进军反对正在围攻加埃塔的西班牙人的时候，公爵敷衍法国，他的意图就是保住自己的安全以免法国为患。关于这一点，如果教皇亚历山大六世在世的话，公爵本来会迅速地获得成功的。

对当前的事件，公爵所采取的措施就是这些。但是对于将来，他不能不忧惧重重。第一件事是，教廷的新继承人可能对他不友好，而且可能企图夺回亚历山大教皇已经给他的东西。因此，他考虑采取四条办法。其一，把那些他已经废黜的统治者的家族灭绝，使教皇无可乘之机。其二，正如上面所述，把罗马的贵族全部争取

---

① 当时马基雅维里正在作为佛罗伦萨的使者在切塞纳的切萨雷·博尔贾的宫廷。在1502年12月23日、26日向佛罗伦萨所作的书面报告中，他谈及雷米罗被囚和民众对雷米罗的反感，以及目击曝尸实况。马基雅维里对处决的做法没有任何反感。

到自己一边，以便得到他们的帮助抑制教皇。其三，尽可能使枢机主教团①更加倒向自己。其四，趁着教皇未死的时候取得更大的统治权，以便能够依靠自己抵御最初的进攻。在这四件事情当中，当亚历山大教皇去世时，公爵已经完成了三件事；第四件事也差不多完成了，因为对于那些被废黜的统治者，只要他能够杀多少就已经杀多少了，只有极少数幸免于难；同时罗马的贵族也已经被他争取过来，而且在枢机主教团里面极大部分人是他的同党。至于进行新的征服问题，他决计成为托斯卡纳的主宰。他已经占领了佩鲁贾和皮奥姆比诺，并且已经把皮萨置于自己的保护之下。他一旦不再需要顾虑法国（他实在无需继续顾虑，因为法国人已经被西班牙人驱逐出那波利王国，这就使得他们当中的任何一方都不得不向他买好），他就立即攫取皮萨。继此之后，卢卡和锡耶纳一来由于对佛罗伦萨人的妒忌，二来出于恐惧，都会立即投降。对此，佛罗伦萨人不会有什么补救办法。如果他的这些计划实现了（他在教皇亚历山大六世去世那一年是获得成功的），他就会取得巨大的权力和声望，他可以自立，不再依靠他人的武力和幸运，而是依靠自己的力量和能力。

但是在公爵开始拔剑之后的第五年，亚历山大教皇就死了。他给公爵留下了罗马尼亚这个国家，在两个强大的敌军之间，只有它是巩固的，其余的一切都是不可靠的，而且公爵自己病入膏肓。②

① 教皇是由枢机主教团选举的。

② 教皇亚历山大六世在1498年已任命其子切萨雷·博尔贾为“神圣教会保护人”(Gonfaloniere di Santa Chiesa)。其后博尔贾在酒中放毒拟毒死某些敌人，但亚历山大和博尔贾自己误饮，亚历山大致死于1503年，博尔贾亦得重病。

可是公爵既勇猛又有能力，并且深知：怎样能够把人们争取过来，或者怎样就会丧失人们，而且他在短促的时期内所建立的基础又是那样巩固，假使他没有那些敌军在他背后，[①]或者他身体健康，那么他是能够克服任何困难的。而且，我们从罗马尼亚人继续等候他等了一个多月这件事看来，他的基础是牢固的。在罗马，他虽然只是半生半死，可是他的地位仍然是稳固的。虽然巴利奥尼[②]人、维泰利[③]人和奥尔西尼人进入罗马，可是他们找不到追随者反对公爵。如果说公爵没有能够使他属意的人成为教皇，但他至少能够阻止他不喜欢的人被选为教皇。可是假使在亚历山大教皇死时公爵身体康健，那么，一切事情都好办。在朱利奥二世当选教皇[④]的那一天，公爵告诉我说，他事先已经预感到他的父亲死时可能发生的一切事情，并且事前已经找到了万全的对策，唯独从没有料想到他父亲死时他自已也会濒临死亡。

当我回顾公爵的一切行动之后，我认为他没有可以非难之处。恰好相反，我觉得应当像我在上面提出的把公爵提出来，让那些由于幸运或者依靠他人的武力而取得统治权的一切人效法。因为他具有至大至刚的勇气和崇高的目的，他只能采取这种行动，舍此别无他途。只是由于亚历山大短命和他本人患病，才使他的宏图终成画饼。所以，如果一个人认为，为了确保他的新的王国领土安全

① 指法国和西班牙。

② 巴利奥尼(Baglioni)，15世纪佩鲁贾的统治家族的姓。

③ 维泰利(Niccolo Vitelli)，一个雇佣兵队长的家族的姓。

④ 1503年亚历山大六世死后，选出庇护三世继位，未就任即去世，另选朱利奥二世继任。

免遭敌人侵害，有必要争取朋友，依靠武力或者讹诈制胜，使人民对自己又爱戴又畏惧，使军队既服从又尊敬自己，把那些能够或者势必加害自己的人们消灭掉，采用新的办法把旧制度加以革新，既有严峻的一面又能使人感恩，要宽宏大量且慷慨好施，要摧毁不忠诚的军队，创建新的军队，要同各国国王和君主们保持友好，使他们不得不殷勤地帮助自己，或者诚惶诚恐不敢得罪自己，那么，他再找不到比公爵这个人的行动更生动活泼的范例了。

我们可以用来责难公爵的，唯有选举朱利奥当教皇这一件事情。在这次选举中他选择错了，因为，正如我已经谈到的，他本来能够阻止任何人当选为教皇，他如果不能够选举一个使自己称心满意的教皇，他也绝不应该同意选举任何一个自己已经得罪的枢机主教或者一个当上教皇就会害怕自己的枢机主教来担任教皇，因为人们出于恐惧或者出于仇恨都会损害你的。在公爵所曾经开罪的人们当中，有圣·皮耶罗·阿德·温库拉①、科隆纳②、圣·乔治③和阿斯卡尼奥④等人。除了罗阿诺和西班牙人⑤之外，其余的人一旦当上教皇，势必害怕公爵。——至于西班牙人则由于他们的同盟关系和对他负有义务，罗阿诺则由于自己同法兰西王国的

---

① 圣·皮耶罗·阿德·温库拉(San Piero ad Vincula)，枢机主教，即朱利阿诺·德拉·罗韦雷，按习惯以其任职的教会堂区的名字命名；1503年当选教皇后，称朱利奥二世，参见前第2章注及本章前注。

② 科隆纳(Colonna)即焦万尼·科隆纳(Giovanni Colonna)枢机主教。

③ 圣·乔治(San Giorgio)，枢机主教，即拉斐勒·里亚里奥(Raffaelle Riario)，其命名同前。

④ 阿斯卡尼奥(Ascanio)即阿尔卡尼奥·斯福尔扎(Ascanio Sforza)枢机主教。

⑤ 西班牙人特指西班牙的枢机主教。

关系，才享有权力，所以是个例外。因此，公爵本来应该选择一个西班牙人当教皇①。如果这一点办不到，他就应该赞同选立罗阿诺，而不是选举圣·皮耶罗·阿德·温库拉。如果任何人相信给以新的恩惠就会使一个大人物忘却旧日的损害，他就是欺骗自己。因此，公爵在这次教皇的选举中犯了错误，这就是他终于灭亡的原因。②

① 教皇是由枢机主教团选举的，博尔贾当然无权选举，但在枢机主教团选择上，他可以施加影响。

② 关于此一结论，一些现代意大利史学者认为不符合事实。博尔贾的失败大部分由于道德上的反动以及他的行动所引起的仇恨和恐惧的浪潮。

第八章　论以邪恶之道获得君权的人们

但是，从平民的地位崛起，成为君主的方法还有其他两个——这两个方法都不能够完全归诸幸运或者能力之属，因此我觉得对于这两者不应该略而不谈，虽然其中一个方法，当我论述共和国的时候还可以更详尽地加以讨论。[①] 这两个方法就是：一个人依靠某种邪恶而卑鄙的方法登上统治地位；或者一个平民依靠他的同胞们的帮助，一跃而为祖国的君主。在讨论第一个方法的时候，我将举两个例子作为说明：一个是古代的，另一个是现代的。我认为，对于那些必须效法他们的人来说，这两个例子就足够了，而无需更进一步探讨这种方法的功罪。

西西里人阿加托克雷[②]不仅是从平民的地位，而且是从下等而卑贱的地位崛起，成为锡拉库萨国王的。这个人是一个陶工的儿子，在他一生的各个时期都过着邪恶的生活。可是他的邪恶行径同时在身心两方面具有巨大的力量，因此，他投身军界之后，经

---

① 关于共和国的问题，马基雅维里在《李维史论》中有所论述，但该书不是专论共和国的，因此马基雅维里是否另有关于此一问题的专著，迄今存疑。

② 阿加托克雷（Agatocle，公元前 361—前 289），西西里人，锡拉库萨（Siracusa）的暴君（公元前 316—前 304），后成为希腊西西里国王（公元前 304—前 289），支配西西里岛的大部分；公元前 310 年出征非洲获胜；后回归西西里，完成其专制的统治（公元前 305 年）；以后入侵意大利本土和科尔西拉（Corcyra，公元前 300—前 295）。

过各个级别，擢升为锡拉库萨地方执政官。当他取得这个职位的时候，他就决心要当上国王，并且打算依靠暴力而不依靠他人的帮助，保有大家同意给他的一切。① 为此，他使迦太基人阿米尔卡雷②对他这个计划有所理解，——当时阿米尔卡雷率领他的军队正在西西里作战。他在一个早上召集了锡拉库萨的人民和元老院，似乎要同他们商讨关于共和国国事似的，可是在发出一个约定的信号的时候，就让他的士兵把元老院全体元老和最富豪的人们统统杀掉。这些人死了，他没有遇到市民的任何反抗，就夺得了并且继续保有这个城市的统治权。而且，虽然他被迦太基人打败了两次，该城市最后被围攻，可是他不但能够保卫他的城市，而且除了留下一部分人马从事抵御围城之外，以其余兵力进攻非洲。这样一来，他在短期内就解除了锡拉库萨之围，并且使迦太基人陷入极端窘境，被迫同阿加托克雷讲和，迦太基人占有非洲就满足了，而把西西里让给阿加托克雷。

因此，任何人考察阿加托克雷这个人的行动与生涯，③就会察觉到他毫无或者很少可以归功于幸运之处。因为，正如上面所说的，他取得了君权并不是依靠他人的好意，而是经历无数的艰难险阻，在军队中逐级提升得来的；其后他继续保持这个地位，则是有赖于许多勇敢的冒着风险的决策。但是，屠杀市民，出卖朋友，缺

---

① 取得元老院和人民的同意他就能够成为君主，但是他不愿对他们承担义务。

② 阿米尔卡雷（Amilcare，即 Hamilcar），公元前 5 世纪迦太基将领，远征西西里，战败于杰隆（Gelon）。

③ 此处“生涯”（vita），系从马里奥·本凡蒂尼校订本及奎多·马佐尼校订本。有的版本作“能力”（virtù）。

乏信用，毫无恻隐之心，没有宗教信仰，是不能够称作有能力[①]的。以这样的方法只是可以赢得统治权，但是不能赢得光荣。不过，如果考虑到阿加托克雷出入危殆之境的能力和忍受困难、克服困难的大勇，我们就觉得没有理由认为他比任何一个最卓越的将领逊色。然而他的野蛮残忍和不人道，以及不可胜数的恶劣行为，不允许他跻身于大名鼎鼎的最卓越的人物之列。因此，我们就不能够把他不是依靠幸运或能力而得的成就归功于幸运或者才能。

在我们的时代里，当亚历山大六世在位期间，费尔莫市民奥利韦罗托[②]幼年时是一个无父的孤儿，由他的叫做焦万尼·福利亚尼的舅父抚养。在他童年的时代，他的舅父就把他送到保罗·维泰利[③]部下当兵，希望他在保罗·维泰利的训练下，能够在军界里取得显赫的地位。保罗死后，他在保罗的兄弟维泰洛佐[④]部下从军。由于他的机智和身强胆壮，他在极短的期间内就成为维泰洛佐军队中的第一号人物。但是他觉得在他人底下服役是卑贱的事情，于是下定决心，在费尔莫某些市民的援助下（这些人认为奴役胜过他们国家的自由），并且在维泰洛佐的赞助下，要占领费尔莫。因此他写信给焦万尼·福利亚尼说，因为离乡背井已经多年，自己

---

① 此处“能力”（“virtù”）的含义包括道义上的优越性。

② 奥利韦罗托（Oliverotto da Fermo），姓欧弗雷杜奇（Euffreducci）。马基雅维里论述的事件发生于1501年12月。其后在1502年12月31日，奥利韦罗托在西尼加利亚被切萨雷·博尔贾杀害。

③ 保罗·维泰利（Paolo Vitelli），在对皮萨的战争中任佛罗伦萨的雇佣军将领，后因涉有背叛嫌疑被捕，1499年10月在佛罗伦萨处决。

④ 维泰洛佐·维泰利（Vittellozo Vittelli），1502年在西尼加利亚被切萨雷·博尔贾杀害。

希望回去探望他和故乡，并且稍为看看自己的祖产；他又说，他汲汲以求的，除了荣誉之外再没有别的东西了。为着使他的市民同胞知道他并没有虚度光阴，他希望由他的朋友和侍从组成一百名骑兵伴送荣归故里，他请求他的舅父从事安排，使他受到费尔莫市民荣誉的接待，而这一切不仅是他的荣誉，同时也是焦万尼本人的荣誉，因为他是焦万尼养育的孩子。

因此，焦万尼分毫不差地尽了对于他的外甥应尽的责任，使他受到费尔莫市的人们荣耀的接待，请他住到他自己的家里。奥利韦罗托在那里过了几天，为自己将来的阴谋诡计做好了必要的秘密安排之后，他举行一个盛大的宴会，邀请了焦万尼·福利亚尼和费尔莫市的一些首要人物出席。① 当吃过酒肴以及这种宴会所常有的其他余兴完毕之后，奥利韦罗托装模作样地开始发表某种重要讲话，大说特说教皇亚历山大和他的儿子切萨雷的伟大，以及他们的宏图伟业。当焦万尼和其他的人们对于他这个讲话作答之后，奥利韦罗托立刻站起来说，这些事情应当在较为秘密的地方进行讨论。于是他自己退入一个房间里去，焦万尼和所有其他的人也都跟随他进去了。可是他们刚要坐下来，士兵们就从密藏的地方涌上来，把焦万尼和所有其余的人统统杀了。在这次谋杀之后，奥利韦罗托就跨上马背，在市里往来驰骋，把宫廷中的最高长官围困起来，使他们惊骇恐惧，不得不唯命是从，并且确认由他本人当君主的政府。他把所有那些心怀不满可能加害于他的人们全部杀掉，同时颁布关于民政和军政的新的规章制度，来巩固自己的势

① 这是在耶稣诞辰的第二天，即1501年12月26日。

力。这样一来，他在保有这个王国的一年中，不但在费尔莫这个城市之内安全不过，而且使所有的邻国都害怕他。但是，正如上面已经提过的，当切萨雷·博尔贾在西尼加利亚征服了奥尔西尼和维泰利的人们的时候，如果奥利韦罗托没有上博尔贾的当，他的灭亡就会像阿加托克雷的灭亡一样困难了。因此，在奥利韦罗托杀亲以后一年，他本人以及他在善恶方面拜作老师的维泰洛佐一道被绞死了。

有些人可能感到奇怪：为什么阿加托克雷和某些像他一类的人们，为人无限奸诈、残暴，后来却能够长时期地在他们本国安全地生活下去，能够保卫自己不受外敌的侵害，而且他本国的公民也从没有阴谋反对他们；而与此相反，其他许多人，依靠残暴的方法，甚至在和平时期也不能够保有他们的国家。至于在胜败未卜的战争时期内就更不用说了。我认为，这是由于妥善地使用或者恶劣地使用残暴手段使然。如果可以把坏事称为好事的话，妥善使用的意思就是说，为了自己安全的必要，可以偶尔使用残暴手段，除非它能为臣民谋利益，其后决不再使用。恶劣地使用的意思就是说，尽管开始使用残暴手段是寥寥可数的，可是其后与时俱增，而不是日渐减少。采取上述第一种办法的人们，如同阿加托克雷那样，由于神与人的帮助，对于他们的地位会获得某种补益，而采取另一种办法的人们却不可能自保。

由此可见，占领者在夺取一个国家的时候，应该审度自己必须从事的一切损害行为，并且要立即毕其功于一役，使自己以后不需要每时每日搞下去。这样一来，由于不需要一再从事侵害行为，他就能够重新使人们感到安全，并且通过施恩布惠的方法把他们争取过来；反之，如果一个人由于怯懦或者听从坏的建议不这样做，他的手里就必须时时刻刻拿着钢剑，而且他永远不能够信赖他的老百姓，而由于他的新的继续损害，人民不可能感到安全。因为损害行为应该一下干完，以便人民少受一些损害，他们的积怨就少些；而恩惠应该是一点儿一点儿地赐予，以便人民能够更好地品尝恩惠的滋味。总之，君主最重要的一件事就是应该在人民当中生活，以免发生任何意外事件——不论是好的或者坏的，迫使自己改弦易辙①，因为如果这种变革的必要性是在不利时期发生的，这时你采取严酷手段就太晚了，而你做好事也帮助不了你自己，因为人们认为你是被迫如此，你是不会因此得到任何的感谢的。

① 指改变上述关于从事损害行为和布惠施恩的政策。

第九章　论市民的君主国

现在谈另一种情况：如果一个平民的市民，不是依靠罪恶之道或者其他难堪的凶暴行为，而是由于获得本土其他市民的赞助而成为本国的君主，这种国家可以称之为市民的君主国。要取得这种地位，一个人既不完全依靠能力，也不完全依靠幸运，需要的倒是一种幸运的机灵(una astuzia fortunata)。我认为，取得这种君权，不是由于获得人民的赞助就是由于获得贵族的赞助，因为在每一个城市里都可以找到两个互相对立的党派；这是由于人民不愿意被贵族统治与压迫，而贵族则要求统治与压迫人民。由于这两种相反的愿望，于是在城市里就产生下述三种结果之一，不是君主权(principato)，就是自主权(libertà)，否则就是无政府状态(licenzia)。君主政体，不是由人民建立，就是由贵族建立，这要看在这两方当中哪一方获有机会。当贵族看见自己不能够抗拒人民的时候，他们就开始抬高他们当中某一个人的声望，并且使他当上君主，以便他们在他的庇荫下能够实现自己的愿望。另一方面，当人民察觉自己不能够抵抗贵族的时候，也抬高他们当中某一个人的声望，并且扶他做君主，以便能够依靠他的权力保卫他们。一个人依靠贵族的帮助而获得君权，比依靠人民的帮助而获得君权更难于继续保持其地位。因为君主发觉自己周围有许多人自以为同他是平等的，因此他不能够按照自己的意思随意指挥他们或者管理他们。

但是如果一个人是由于人民的赞助而获得君权，他就发觉自己是巍然独立的人，在自己周围并没有一个人不准备服从自己或者只有很少数人不准备服从自己的。除此之外，一个君主如果公平处理事情而不损害他人，就不能够满足贵族的欲望，但是却能够使人民感到满足。因为人民的目的比贵族的目的来得公正。前者只是希望不受压迫而已，而后者却希望进行压迫。再说，如果人民心怀不满，君主是永远得不到安全的，因为人民为数众多；另一方面，君主能够使自己安全地对付贵族，因为贵族人数甚少。君主能够预料到那些敌对的人民干出最坏的事情，就是他们将来把自己抛弃了。但是，对于那些敌对的贵族，君主不仅害怕他们抛弃自己，还害怕他们会起来反对自己。因为贵族在这些事情上比平民看得更深远而且更敏锐，常常能够及时使自己得救，而且从他们所预期的将会赢得胜利的一方取得帮助。此外，君主总是不得不和上述的平民在一起生活，但是如果没有上述贵族，君主也能够过得很好，因为他能够随时设立或者废黜贵族，并且能够随心所欲给予或者抹掉他们的名声。

为了更清楚地说明这件事情，我认为对于贵族应该主要地从下述两种方式着眼进行考察：他们支配自己行动的方式使他们自己完全依靠你的运气，抑或不是这样。对于那些这样约束自己而不是贪婪的人们，你应该给以荣誉并加以爱护；而对于不是这样约束自己的人们，你可以从下述两种方式着眼进行检验。这就是说，他们这样做可能是由于胆怯或者天生缺乏勇气使然。在这种情况下，你应该利用他们，特别是利用那些能够给你提出有益意见的人们。因为，这样一来，当你隆盛的时候，他们会尊敬你，而当你处在逆境的时候，你也无需畏惧他们。但是，如果他们是为了野心勃勃的目的，故意不依靠你，这是一个征象，表明他们为自己着想比替你着想得更多。君主就应该防范这类人，并且把他们当作公开的敌人那样加以警惕，因为在君主不利时期，他们总是出来帮助把君主灭掉。

因此，如果一个人由于人民的赞助而成为君主的话，他应该同人民保持友好关系。因为他们所要求的只是免于压迫，君主是能够轻而易举地做到这一点的。但是一个人如果同人民对立而依靠贵族的赞助成为君主的话，他头一件应该做的事就是想方设法争取人民。如果他把人民置于自己保护之下，他就轻而易举地做到这一点。因为人们原来预料要受到他的损害而现在从他那里得到了好处，他们对自己的恩人一定更加接近；人民立即对他充满了好感，胜过那些赞助他登上王位的人们。而且君主要赢得人民的好感有许多方法。这些方法根据各种情况而互不相同，我们不能够制作出一定之规，因此现在就不谈了。我只是断言：君主必须同人民保持友谊，否则他在逆境之中就没有补救办法了。

斯巴达国王纳比德①，抵御了全希腊人和一支罗马常胜军的围攻，保卫了他的国家和自己的地位不受他们侵害；当危难降临他头上的时候，他需要做的不过是使少数人尢能为害；但是假使人民已经同他敌对的话，这就不够了。对于我的这条见解，谁都不要拿

① 纳比德(Nabide)，斯巴达国王(在位：公元前206或207—前192)，以贪婪、酷虐著名。后被罗马军暗杀。

一句陈腐的谚语:"以人民为基础,譬如筑室于泥沙"来进行反驳。因为如果一位平民把他的基础建立在人民之上,并且深信当自己受敌人或者官吏压迫的时候人民将会解救自己,那么这句谚语是中肯的。在这种情况下,如同罗马的格拉奇①和佛罗伦萨的乔治·斯卡利②的遭遇一样,他往往发现自己上当了。但是,如果把基础建立在人民之上的人是一位君主,而且他能够指挥,是一个勇敢的人,处逆境而不沮丧,不忽视其他的准备,并且以其精神意志与制度措施激励全体人民,这样一个人是永远不会被人民背弃的,而且事实将会表明他已经把基础打好了。

这种市民的君主国从平民政制(ordine civile)转向专制政治的时候,往往处于危险状态。因为这类君主不是由自己亲自指挥就是通过官吏进行指挥的。在后一种场合,君主的地位是更加软弱无力和更加危险的,因为他们完全依靠那些被任命当官的人们的意志;而后者,特别是在危难时期,不是采取行动反对君主就是拒不服从君主,这就很容易篡权夺位。君主在危难中已经来不及行使绝对的权力了,因为市民和属民已经接受官吏的命令惯了,在这种危急之秋不会服从君主的命令,而且在动荡不安之日,君主往往缺乏自己能够信赖的人。这种君主不能够以太平时期所看到的情况作为根据。因为在太平时期市民们对国家都有所需求,当时

① 格拉奇(Gracchi)指由平民选出的有名的古罗马护民官格拉古兄弟蒂贝里奥和卡伊奥(Tiberio 和 Caio Gracco,公元前 163—前 133,前 153—前 121)。二人分别于公元前 133 年和 121 年,在罗马贵族所挑起的反对他们的骚乱中被杀害;他们曾经采取一些有利于平民的措施,但似乎未获得人民的坚决支持。

② 乔治·斯卡利(Giorgio Scali),14 世纪,佛罗伦萨下层民众领袖之一,与汤姆马索·斯托齐(Tommaso Storzzi)结党。于 1382 年 1 月 17 日被捕杀害。

每一个人都为国家奔走，每个人都满口答应；而且当远离死亡之境的时候，他们全都准备为他而死；但是到了危难时期，当国家对市民有所需求的时候，能找到的人就寥寥无几了。而这种经历是极其危险的，它只能经历一遭就再没有机会了。因此，一个英明的君主应该考虑一个办法，使他的市民在无论哪一个时期对于国家和他个人都有所需求，他们就会永远对他效忠了。

第十章　应该怎样衡量一切君主国的力量

在研究这些君主国性质的时候，必须考虑另一点，也就是说，一个君主在困难的时候是否能够依靠自己的力量屹立不移，抑或是常常需要他人的援助。为了更清楚地说明这一点，我要说：我认为如果由于人口众多或者财力充裕能够募集足够的军队，同任何入寇者决战于疆场，他们就是能够依靠自己的力量屹立不移的人。另一方面，我认为，如果不能够同敌人决战于疆场，而只是被迫躲在城墙后面进行防御，他们就是常常需要他人援助的人。关于第一种情况，已经讨论过了，但是以后遇有机会，我们还需要再谈一谈。关于第二种情况，我只有鼓励这种君主为自己的城市森严壁垒、备足粮草，对于乡村则不要有任何顾虑，除此以外，我再没有什么话可说的了。任何人如果给他的城市做好了城防工事，至于同臣民的关系则依照上面指出的、以后还要谈到的方法进行处理，那么人们向他进攻总得慎重考虑一番，因为人们对于一项计划如果预见其中有困难总是不喜欢的，而且君主已经给他的城市做好了城防工事，同时他的人民又不仇恨他，如要对这样一位君主进攻，可以预见这不是一件容易的事情。

德国的各个城市是享有完全自由的，它们的农地很少，它们认为合适的时候就服从皇帝。但是它们既不害怕皇帝也不害怕在它们邻近的其他任何统治者,因为他们已经作好了城防工事,以致谁都知道要攻陷这种城市定将旷日持久,困难重重。因为所有这些城市都筑有适当的壕沟与城垣,配备足够的大炮,在公家仓库里经常储备足供一年之需的粮食和燃料,除此之外,为着使老百姓得到温饱同时公家也没有损失,它们总是有办法在一年中让老百姓可以在关系该城市命脉的劳动中和供给老百姓衣食的行业中工作。加之,它们还十分重视军事训练,而且制定许多关于保持军事训练的规章制度。

因此,君主如果拥有强固的城市,又没有积怨结恨于人民,他就不会受到攻击。假如任何人进行攻击的话,定将狼狈不堪地被驱逐出去。因为这个世界的事情是如此的千变万化,要使军队无所事事地围城扎营整整一年,那简直是不可能的。有人也许要说,如果人民在城市外边有财产,现在眼看着它被焚烧了,他们将忍耐不住,而且长期的包围和利己心将使他们忘记了君主。对此,我回答说:一个强有力的果敢的君主,此时一方面要使臣民感到有希望,相信祸患不会长久下去;另一方面又要使他们对于敌人的残酷感到恐惧,同时把自己认为过于莽撞的人们巧妙地控制起来;这样一来,君主总是能够克服上述一切困难的。更进一步说,当敌人到来的时候,如果士气依然旺盛如故,并且决心进行抵抗,敌人定会立即焚烧破坏城市周围的地方。因此,君主更不应该犹豫不决,因为不久之后,当士气已经消沉,损失已经产生,灾害已经临头,就再没有什么挽救之道了。所以现在人民会更加下定决心同君主团结起来,因为在他进行抵抗的时候他们的房屋被烧掉了,他们的财产被毁灭了,他显然不能不对人民负有责任。原来,施恩正如受恩一样都使人们产生义务感，这是人之常情。所以，如果认真考虑了全部情况，只要不缺乏粮食和防卫手段，一位英明的君主在敌人包围的时候自始至终使他的公民意志坚定，这是没有困难的。

第十一章　论教会的君主国

现在只剩下教会的君主国有待探讨。关于这种国家，其全部困难来自取得这种国家之前。取得这种国家或者是依靠能力，或者是依靠幸运，而保有它却不是倚靠能力或幸运，这种国家是依靠宗教上的古老的制度维持的。这种制度是十分强有力的，而且具有这样一种特性：它们使它们的君主当权，而不问他们是怎样行事和生活的。这些君主自己拥有国家而不加以防卫，他们拥有臣民而不加以治理；但是，其国家虽然没有防卫却没有被夺取，其臣民虽然没有受到治理却毫不介意，并且既没有意思也没有能力背弃君主。只有这样的君主国才是安全和幸福的。

但是，由于这种国家是依靠人类智力所不能达到的更高的力量支持的，我就不再谈论它了；因为这种国家显然是由上帝所树立与维护的，如果议论它，就是佞妄的冒失鬼的行为。

可是人们会问我：罗马教会现在取得了这样大的世俗权力是何因缘？从教皇亚历山大时代上溯，意大利的主权者①，——不仅被称为主权者的人们，甚至虽然是小小的男爵和主子②，向来都轻视教会在世俗事务上的权力，而现今法国的一个国王对它却怕得

---

① 主权者（potentati）或译“当权者”、“统治者”等等。此处指佛罗伦萨、威尼斯、米兰、那波利、锡耶纳等国的主权者。

② 男爵（barone）、主子（signore），指小的统治者。

发抖，因为教会能够把一个法国国王驱逐出意大利，并且使威尼斯人毁灭。虽然这件事情是众所周知的，但是我觉得唤起人们回忆一下并不是多余的。

在法国国王查理侵入意大利[①]以前，这个地区是在教皇、威尼斯人、那波利国王、米兰公爵和佛罗伦萨人的统治之下的。这些主权者操心不过的主要是两件事：一是不能让任何一个外国人武装侵入意大利；另一件是，在他们当中谁都不得夺取比现有的更多的领土。这些主权者最注意教皇和威尼斯人。为了抑制威尼斯人，正如为了保卫费拉拉一样，其他各国必须联合起来[②]。为着遏制教皇，他们就利用罗马的贵族们，使后者分裂成为奥尔西尼和科隆尼斯两派，使彼此之间经常发生龃龉，而且手里拿着武器站在教皇跟前，使得教皇感到软弱、六神无主。虽然有时也可能出现一个像西克斯图斯[③]那样英勇的教皇，可是无论幸运或卓识都不能够使他摆脱这种烦恼。他们的生命短促[④]是一个原因。因为一个教皇在位期间平均十年，在这十年当

---

① 1494年法王查理八世的进攻，在意大利历史上开始了外敌入侵时期。

② 此处指1508年成立的康布雷联盟。由于威尼斯的扩张而失去领土的强国都联合起来剥夺威尼斯的大陆领地。联盟的成员包括法国、西班牙、教廷（朱利奥二世）和费拉拉等。

③ 西克斯图斯（Sisto，1417—1484），即西克斯图斯四世（Sisto IV. 在位：1471—1484），原名弗朗切斯科·德拉·罗韦雷。在位时，竭力使教皇辖地成为一个武装的强大领地，并为此目的任命他的许多“侄儿”（私生子）为代理人。

④ “他们的生命短促”（la brevità della vita loro）。事实上，教皇西克斯图斯四世活了六十七岁，在位十三年（1471—1484）；英诺森八世活了六十岁（1432—1492），在位八年（1484—1492）；亚历山大六世活了七十二岁（1431—1503），在位十一年（1492—1503）；朱利奥二世活了七十岁（1443—1513），在位十年（1503—1513）。据此，此处所称“生命短促”当指教皇在位期间而言。在1976年莱比锡版《君主论》（F. Blaschke的德译本）及1965年美国杜克大学版《马基雅维里主要著作集》中的《君主论》（A. Gilbert的英译本）均改译作“统治期间”（德文：“Herrschaftsdauer”和英文：“reign”）可供参考。

中，他好不容易才能够把这些党派当中的一派压下去。比如说，一个教皇差不多把科隆尼斯这一派整垮，而另一个教皇继位却与奥尔西尼这一派为敌，他为使科隆尼斯派复兴，而没有时间搞垮奥尔西尼这一派。这就使得教皇的世俗权力在意大利不为人所重视。

后来亚历山大六世做了教皇，在历代教皇当中，他最充分地说明一个教皇使用金钱与武力两者能够得势：他利用瓦伦蒂诺公爵作为工具，并且利用法国入侵意大利的机会，实现了各项事情，这些事情我在上面论述公爵行动的时候已经谈论过了。虽然他的意图本来不是为了壮大教廷的势力，而是为着壮大公爵的势力，但是他这样做，其结果是壮大了教廷的势力，因为在他去世和公爵灭亡之后，教廷就成为他的劳动成果的继承者。

其后，朱利奥继位。他察觉教廷是强有力的，因为它已占领罗马尼亚全境，罗马的公侯被镇压了，那些党派在亚历山大的打击下被消灭了，他还发现亚历山大时期以前从来未曾使用过的积累财富的方法①。朱利奥不仅继续把这些事情进行下去，而且加以改进。他决心夺取波洛尼亚，消灭威尼斯人，并且把法国人驱逐出意大利。他的这些事业全部成功了②。因为他的一切作为都是为着提高教廷的地位而不是提高任何私人的地位，因此使他更加光荣。他还把奥尔西尼和科隆尼斯这两派约束在他所认定的范围之内。虽然在他们当中有些能够改变局势的头头，可是有两件事牢固地

① 即以犯有国事罪为理由惩罚富人，由此可以没收他们的财产。

② 朱利奥二世于 1506 年征服了波洛尼亚；战胜了威尼斯，然后解散康布雷联盟；另外于 1511 年成立反对法国路易十二世的神圣联盟，由教廷、威尼斯、西班牙联合起来驱逐法国人。1513 年 2 月朱利奥去世后，法国人再次被驱逐出意大利。

控制着他们:一件是教廷的强大,使他们有所畏惧;另一件是不让他们的人担任枢机主教,因为这种主教是党派之间发生纷争的根源。如果这些党派有他们自己的枢机主教,他们就绝不能够保持安静,因为这些主教将在罗马内外培植党派,而公侯们不得不卫护他们;于是由于僧侣的野心导致各个公侯之间发生骚乱与纷争。因此,当今圣父教皇利奥[①]察觉这个教宗的职位非常强大有力。我们希望,如果先前的一些教皇已经依靠坚甲利兵使教宗的职位强大起来了,那么当今教皇将依靠善行和无限的其他美德使它更加强大,并且更加获得人们的崇敬。

① 圣父教皇利奥(Sanità di papa Leone)指马基雅维里作此书时在位的教皇利奥十世(1513—1521),即乔万尼·德·梅迪奇(Giovanni de'Medici,1475—1521),是著名的大洛伦佐之一员。马基雅维里在被罢官后有意同教皇利奥结交,在1519年(小)洛伦佐·德·梅迪奇死后,曾向教皇利奥建议在佛罗伦萨恢复共和国。

第十二章　论军队的种类与雇佣军

在本书开头提出要论述的这些君主国的特性，我已经详细地讨论过，并且多多少少已经考虑了这些君主国盛衰的原因，还指出了许多人努力夺取并保持这些国家曾经采取的方法。现在尚待我概括地讨论一下在这些国家当中每一个国家可能使用的进攻与防守之道。我们在上面已经说明君主必须把自己建立在稳固的基础之上，否则必然地招致灭亡。而一切国家，无论是新的国家、旧的国家或者混合国，其主要的基础乃是良好的法律和良好的军队，因为如果没有良好的军队，那里就不可能有良好的法律，同时如果那里有良好的军队，那里就一定会有良好的法律。现在我不讨论法律问题而只谈军队问题。

依我说，君主用来保卫本国的军队，或者是他自己的军队，或者是雇佣军、援军，或者是混合的军队。而雇佣军和援军是无益的，并且是危险的，一个人如果以这种雇佣军队作为基础来确保他的国家，那么他既不会稳固亦不会安全，因为这些雇佣军队是不团结的，怀有野心的，毫无纪律，不讲忠义，在朋友当中则耀武扬威，在敌人面前则表现怯懦。他们既不敬畏上帝，待人亦不讲信义，毁灭之所以迟迟出现只是由于敌人的进攻推迟罢了。因此你在和平时期受到这些雇佣军掠夺，而在战争中则受你的敌人掠夺。这是因为，除了一点军饷之外，他们既没有忠义之忱，也没有其他的理由使他们走上战场，而这点军饷并不足以使他们愿意为你牺牲性命。当你不打仗的时候，他们情愿给你当兵，但是如果发生战争，他们就逃避或者一走了事。

要我证明这一点是毫不费力的，因为现在意大利崩溃不是由于别的原因，而是由于她许多年来依赖雇佣军，虽然他们先前曾经帮助某些人取得进展，并且在彼此之间显得勇猛不过，可是当外敌压境的时候，他们就原形毕露。因此，法国国王查理八世"拿着粉笔"①就能够不费吹灰之力而占据意大利。有人说，其原因是由于我们的罪过，他说的确是真实情况，②可是这并不是他所想象的那些罪过，而是我已经论述的那些罪过。因为那是君主们的罪过，所以他们也受到了惩罚。

我想进一步论证这种军队的不可靠。雇佣军的首领们或者是能干的人，或者是不能干的人，二者必居其一。如果他们是能干的，你可不能够信赖他们，因为他们总是渴求自我扩张；因此不是压迫自己的主人——你，就是违反你的意思压迫他人。反之，如果首领是无能的人，他往往使你毁灭。如果有人回答说，不论是否是雇佣军，只要手中掌握了武器，都是一样行动的。对此，我回答说，当君主或共和国必须用兵时，君主必须身临前敌，并且亲自挂帅。

---

① 原文"拿着粉笔（石膏）"（col gesso），是引用教皇亚历山大六世形容法国查理八世征服意大利轻而易举所说的俏皮话。据说，在1494年查理穿过意大利时没有遭到抵抗，因此教皇亚历山大常说法国人侵入意大利，手里拿着粉笔（石膏），只要在那里画上标记就能够在那里安营扎寨，而无需拿着剑进行战斗。

② 萨沃那罗拉在1494年11月1日早就预言法国查理八世将要入侵。后来他指出其原因在于意大利、罗马和佛罗伦萨的渎神、残暴和作恶多端。但马基雅维里则把此种不幸归罪于放弃军事训练，使佛罗伦萨无能力自卫。

共和国则必须委派自己的公民前往，如果被派的人结果力不胜任，就必须予以撤换；如果其人胜任其事，则必须用法律加以约束，不要让他越出指示范围。经验已经证明，只有君主自己和武装起来的共和国才能够取得巨大的进展，而雇佣军只能造成损失。而且要使一个用自己的武装力量武装起来的共和国服从它的某一个公民的支配，比一个靠外国武力武装起来的国家远为困难。

罗马和斯巴达许多世纪都是整军经武，从而享有自由。瑞士人则是彻底武装起来，从而享有完全的自由。关于古代使用雇佣军的事情，可以举迦太基人为例。虽然迦太基人派了自己的公民们担任雇佣军的头头，可是在他们同罗马人进行第一次战争之后就几乎被雇佣军所压倒。在埃帕米农达①死后，底比斯就请马其顿的菲利普②当他们军队的将领；胜利后，菲利普就把底比斯人的自由剥夺了。菲利普公爵一死，米兰人便招罗弗朗切斯科·斯福尔扎讨伐威尼斯人。等到在卡拉瓦焦③战胜敌人之后，斯福尔扎却同威尼斯人联盟，来压迫他自己的主人——米兰人。斯福尔扎的父亲，曾经应募在那波利王国的焦万娜女王④底下从军，后来突然间离开女王使她的军队解体；为着挽救她的王国，女王被迫投到阿拉冈国王的怀抱里。

---

① 埃帕米农达(Epaminunda)公元前四世纪底比斯的将领和政治家。

② 菲利普(Filippo Maria Visconti)米兰的公爵(1412—1447)。其女比安卡·马里阿嫁弗朗切斯科·斯福尔扎。菲利普死，斯福尔扎夺取公国领地。

③ 卡拉瓦焦(Caravaggio)之战，在1448年9月15日结束，一月后，(10月18日)斯福尔扎即背叛米兰人，自己与威尼斯人结盟，于1450年2月26日攻克米兰。

④ 焦万娜二世(Giovanna II,1371—1435)，那波利女王(那波利国王拉地斯拉奥的遗孀)，其王国为阿拉冈国王费尔迪南多所兼并。

然而，威尼斯人和佛罗伦萨人先前都曾经利用雇佣军扩张自己的版图，而这种军队的将领们并没有自立为王，却保卫了他们，这又怎么理解呢？我回答说，在这种场合佛罗伦萨人是托福于侥幸的，因为在那些本来可能使他们感到可怕的能干的将领当中，有些人没有打胜仗，有些人遇到了对立的力量，另一些人则把他们的野心用于别的地方了。没有克敌取胜的那一个人就是焦万尼·奥库特①，因为他没有打胜仗，他的忠义就不能够获得证明。但是任何人都承认：假如他得胜了，佛罗伦萨人就得由他主宰了，而斯福尔扎则是始终同布拉齐奥家族②对立的，他们彼此之间互相掣肘。再说，弗朗切斯科则把他的野心转到伦巴第去了，而布拉齐奥则反对教廷和那波利王国。然而，还是让我们看一下不久以前发生的事情吧。佛罗伦萨人委派了保罗·维泰利担任他们的将领，这是一个非常深谋远虑的人。他以平民的身份崛起，在军队中早获得极大的名声。如果这个人攻占了皮萨，佛罗伦萨人当然要同他保持密切的关系，这是谁都不会否认的，因为如果他一旦变成他们的敌人的战士，他们就束手无策了；另一方面，如果他们雇佣他，他们就必须服从他。

至于威尼斯人，如果我们考虑一下他们所取得的进展，我们就看到，当他们派遣自己人作战的时候，他们做得既稳当又光荣（这是在他们转向大陆方面攻打之前的事情），他们利用他们的贵族和

---

① 焦万尼·奥库特（Giovanni Aucut，1320—1394）是英国武士约翰·霍克伍德在佛罗伦萨用的名字。此人曾参加英法战争，由英王授勋，后纠集队伍到意大利各国作为雇佣军，成为著名的“白衣连队”，参加多次战役，死于佛罗伦萨。

② 布拉齐奥家族（Braeceschi），一个雇佣军首领的家族，其中最有名的一人是安德雷亚（1368—1424）。

武装的平民进行了英勇的战斗。但是,当他们开始在大陆作战的时候,他们抛弃了这种美德,而仿效意大利作战的习惯。威尼斯人在扩张大陆领土的初期,一来由于领土还不很多,二来由于名声赫赫,他们没有必要害怕他们的将领。但是其后,当他们在卡尔米纽奥拉[①]的指挥下,把他们的领土大肆扩张的时候,他们就吃了这个错误的苦头。因为他们在卡尔米纽奥拉的指挥下打败了米兰的公爵,于是察觉到卡尔米纽奥拉是一个极有能力的人,可是,另一方面,他们了解到他在战争中变得很冷淡,他们认定在他的指挥下不再能够获胜了。为着免得失去他们已经夺得的一切,他们又不愿意也不能够把他解雇。他们为着确保自己的安全,不得不把他杀了。后来他们先后招请巴尔托洛梅奥·达·贝尔加莫[②]、鲁贝托·达·桑·塞韦里诺[③]、皮蒂利亚诺伯爵[④]以及如此之类的人担任他们的将领。使用这些将领,他们不得不害怕打败仗,从而一无所得。例如后来在维拉战役发生的情况就是这样,他们在一日之间把八百年来历尽困苦所取得的一切都丧失了。因为靠这种雇佣军要有所获也只能慢慢来,既迁延时日又渺乎其小,但是损失则是

---

① 卡尔米纽奥拉(Carmignuola,1390—1432),名弗朗切斯科·布索内(Francesco Bussone),后来成为卡尔马尼约拉的伯爵(Conte di Carmagnola),起初为米兰服务,后转而为威尼斯服务。是马克洛迪奥战役的胜利者(1427),1432年以背叛罪被处决于威尼斯。

② 巴尔托洛梅奥·达·贝尔加莫(Bartolomeo da Bergamo,1400—1475),自1424年在威尼斯当雇佣军,后任将领,战败死亡。

③ 鲁贝托·达·桑·塞韦里诺(Ruberto da San Severino,1419—1487),为威尼斯作战而死。

④ 皮蒂利亚诺伯爵(Conte di Pitigliano),名尼科洛·奥尔西尼(Nicolò Orsini,1442—1510),雇佣军将领,为威尼斯作战,1509在维拉(Vaila)之役惨败,后死去。

突然出现的，而且是不可思议的。由于上面的例子，我想到多年来直到现在被雇佣军统治着的意大利，所以我想要深入地谈谈雇佣军的问题，以便了解雇佣军的起源及其发展，就能够更好地加以改正。

你一定了解，晚近在意大利，皇权开始受到排斥，而教皇在世俗事务方面却取得了更大的声势，意大利已分裂成为更多的国家；因为在大城市当中有许多城市武装起来反对那些先前受皇帝宠爱、压迫自己的贵族，同时教会也赞助他们，以便扩大自己在世俗方面的声势。而在其他许多城市中，他们的市民也变成了君主。这样一来，意大利就几乎全部落在教廷和一些共和国手里，而组成教廷的神父们和支配共和国的市民们由于不谙军事，两者都开始招募外国人当兵。使这类军队赫赫有名的头一个人，就是罗马尼亚人阿尔贝里戈·达·科尼奥①。布拉齐奥和斯福尔扎——还有其他的人——就是由这个人训练出来的。这两个人就是当时意大利的主宰。继他们之后，又来了其他雇佣军将领，他们指挥意大利的军队以迄今日。然而他们的勇武带来的结果，却是使意大利遭受查理八世的蹂躏、路易十二世的掠夺、费尔迪南多的摧残②和瑞士人的凌辱③。

---

① 阿尔贝里戈·达·科尼奥(Alberigo da Conio)即阿尔贝里戈·达·巴尔比亚诺(Alberigo da Barbiano，1344—1409)，罗马尼亚的库尼奥的伯爵(conte di Cunio)，是纯粹意大利式雇佣军连队的创始人。曾组成著名的“圣乔治兵团”，并任该团首领。

② 费尔迪南多(Ferdinando 1452—1516)，西班牙国王，曾出兵援助那波利驱逐法国查理八世入侵，作为侵略意大利的手段；后于1500年与法国路易十二世瓜分那波利；1508年与德、法、西班牙及教皇合谋瓜分威尼斯，其后为了争夺意大利同法国作战(1511—1513)。

③ 法国路易十二世征服米兰，曾得瑞士人帮助。其后瑞士人在教皇朱利奥怂恿下又独自征服米兰。

他们过去所采取的政策，首先是贬低步兵的声势，借以抬高自己的声势。他们之所以这样做，就是因为他们没有自己的领土，而是依靠受雇佣的收入来维持生活的。然而为数区区的步兵是不能够使他们赢得声势的，但是他们又没有能力供养许多步兵；因此，他们改为依靠骑兵，他们使相当数量的骑兵获得供养并且受到尊崇。结果是：在一支两万人的军队中，步兵不及两千人。除此之外，这些将领们还采取各种方法来减轻自己和士兵们的劳苦和危险，在战斗中不进行屠杀而是活捉俘虏，而且不要求赎金即予以释放。他们并不夜袭城市，城市的防军亦不夜袭野营。他们在军营的周围既不树立栏栅，或者挖掘壕沟，在冬季也不出征。所有这些事情是他们的兵法所允许的，并且，正如我已经讲过的，这是他们为着避免疲劳和危险这两者而想出来的办法。这样一来，他们就使意大利陷入奴隶状态和屈辱之中。

第十三章　论援军、混合军和本国的军队

另一种无益的军队是外国的援军。这是请求一个强国进行援助和保卫自己的时候派来的军队，如近年教皇朱利奥二世就是这样做的。当他对费拉拉用兵的时候吃了他的雇佣军的苦头，于是转而求助于外国援军。他同西班牙国王费尔迪南多约定由后者用他的人员和部队援助①。这些军队本身可能是有用的、良好的，可是对于招请这些军队的人来说却几乎经常是有害的，因为如果他们打败了，你就完蛋了，反之如果他们赢得胜利，你就要成为他们的俘虏。

虽然在古代历史上，这样的实例比比皆是，但是我不想离开教皇朱利奥二世这个新近的例子，他那个决定是再糊涂不过的：他因为想占领费拉拉，于是把自己置于一个外国人的手里，只是由于他的好运发生了第三种情况，才使他没有吃到他这种轻率抉择的苦果。因为他的援军在拉文纳被击溃之后，瑞士人奋起把征服者驱

---

① 教皇朱利奥二世力图使意大利在他的领导下统一，曾进攻费拉拉，但由于费拉拉同法国联盟获得支援，因此失败。教皇于是同西班牙国王费尔迪南多（以及威尼斯等）结成反法国的“神圣联盟”（1511 年 10 月 5 日）。其后教廷和西班牙的军队同法军作战，在拉文纳（Ravenna）惨败。只是由于法军主将加斯通·德·富瓦死亡，并且瑞士出兵两万人支援“神圣联盟”，法军被迫退却，意大利才幸免于难。

逐出去——这是同他和其他人的预料完全相反的。这样一来，由于他的敌人已经逃走了，他才不致成为他的敌人的俘虏。同时教皇已经由于援军以外的其他军队获胜了，也没有成为自己的援军的俘虏。佛罗伦萨人自己完全没有武装起来，却派遣一万名法国兵去进攻皮萨①，他们这种作法比起他们以前任何危难时期都更加危险。君士坦丁堡的皇帝②为了反对他的邻国，派遣上万名土耳其军队到希腊，战事结束的时候，他们不肯离境，这就是希腊受异教徒奴役的开端。

因此，谁不想胜利，就利用这种援军吧！他们带来的危险比雇佣军多得多，因为援军到来也就造成了毁灭的条件，他们全体团结一致，而且完全听从外国人的命令。可是，就雇佣军而论，如果他们获得胜利，他们要加害于你，却需要更长的时间和较好的机会。雇佣军并不是一个整体，他们是由你找来并发给军饷的，而且由你委派第三者担任他们的头头，这个第三者是不能够立即取得足够的权威来加害于你的。总之，就雇佣军而论，其懒散怯懦是最危险的；若就援军而论，其英勇慓悍却是最可怕的。

因此，英明的君主总是谢绝使用这种军队，转而依靠自己的军队。他宁可依靠自己的军队打败，而不愿依靠他人的武力制胜，因为他并不认为用他人的军队赢得的胜利是真正的胜利。

---

①　1500 年佛罗伦萨人从法王路易十二世那里获得了八千瓜斯科人（Guasconi）和瑞士人以便夺回皮萨，但进攻失败。由于这些军队难带，以致人们宁愿把它解散。

②　即乔万尼·坎达库泽诺（Giovanni Cantacuzeno，1300—1383），同帕莱奥洛吉（Paleologhi）因拜占庭王权内讧（1341—1347），于 1346 年同上耳其苏丹结盟，苏丹派了自己的儿子去帮助他并出兵希腊，这就成为土耳其人在欧洲扩张的第一基地。

我毫不踌躇地援引切萨雷·博尔贾及其行迹为例。这位公爵依靠援军侵入罗马尼亚,他们全部是法国的军队并且依靠他们占领了伊莫拉和富利。但是后来,他觉得这种军队靠不住,于是转而依靠雇佣军。因为他认为雇佣军的危险较小,他雇佣了奥尔西尼和维泰利的兵,可是,后来在管理中觉察他们可疑、不忠实,并且有危险的时候,他立即消灭他们,回过头来依靠他自己的人。我们注意了一下:当这位公爵只是依靠法国人,当他依靠奥尔西尼和维泰利的雇佣军,以及当他依靠自己的军队和他自己的时候,他的名气互有不同,我们就能够很容易地认识到这些军队之间的差别了。我们发现,当每个人都知道他是他的军队的完全的主人的时候,他的名声总是愈来愈大,他受到人们的敬佩,是任何时候都比不上的。

虽然我不打算离开意大利最近发生的这些事例,但是我不想忽视我在上面已经提到的那些人当中的一个——锡拉库萨的耶罗内。正如我已经说过的,这个人被锡拉库萨人推举为军队的长官,他随即发觉那些像我们意大利雇佣军那样组成的雇佣军是无益的,并且觉得自己既不能够保有他们又不能够将他们解散,他不得不把他们全部斩杀。以后,他就率领自己的军队而不是外国的军队作战。

现在我还想回顾一下旧约圣经里面有关这个问题的一个譬喻。大卫请求扫罗王让自己同非利士人的挑战者歌利亚战斗。于是扫罗为着使他壮胆,把自己的铠甲给他佩戴,可是当大卫试了一下之后就立即谢绝了。他说,戴这个铠甲就不能够很好地发挥自己的力量,他宁愿使用自己的投石器和自己的刀子同敌人周旋。

总而言之，他人的铠甲不是从你的身上落下来就是把你压倒，或者把你束缚得紧紧的。

法国国王路易十一世的父亲查理七世由于自己的幸运和能力，把法国从英国人的统治之下解放出来。他认识到依靠自己的军队武装自己的必要性，于是在他的王国里制定了关于步兵和骑兵的规章制度。但是后来他的儿子路易国王废除了本国的步兵，而开始招募瑞士士兵。正如我们现在能够看见的，这种错误以及随之而来的其他错误就是这个王国危难的原因。因为路易国王使瑞士兵享有盛名，于是使自己的士兵灰心丧气，因为他已经把整个步兵废除，同时他的骑兵又仰赖于外国军队，因为法国骑兵和瑞士兵协同作战已成习惯。因此他们认为，如果没有瑞士兵就不能够战胜。这样一来，法国人就没有能力对抗瑞士人，而且没有瑞士人就不敢对抗别人。法国的军队于是成为混合的军队，一部分是雇佣军，另一部分是本国的军队。这种军队整个地说来比单纯是雇佣军或者单纯是外国援军好得多。可是比全部是本国的军队毕竟差得远了。上述的例子证实了这一点，因为如果查理七世的制度得到发展或者坚持下去，法兰西王国将是不可战胜的。可是人们没有能够慎思明辨，就开始从事某一件起先看来认为不错的事情，而没有能够察觉其中的隐患，正如我在上面谈到的消耗热病一样。

因此，一个君主如果不能够在他的国家里看出滋生的忧患，他就不是真正英明的君主。而能够有这种先见之明的人只是少数。同时，人们如果研究一下罗马帝国覆灭的头一个原因，就会察觉，这是从雇佣哥特人当兵才开始的。因为罗马帝国的势力就是从那个时候开始衰微的，而以前曾经使罗马帝国勃兴的一切力量都转移到哥特人那里去了。

因此，我的结论是：任何一个君主国如果没有自己的军队，它是不稳固的。反之，一个君主国在不利的情况下，如果没有实力带着信心防卫自己，它就不得不完全依靠侥幸了。明智的人们常常提出这样的意见和论断："世界上最弱和最不牢固的东西，莫过于不以自己的力量为基础的权力的声誉了"①。

所谓自己的军队就是由臣民、市民或者你的属民组成的军队。所谓其他一切军队就是雇佣军或者援军。如果你考虑一下我在上面已经提到的四个人②的办法，并且观察一下亚历山大大帝之父菲利普以及许多共和国和君主怎样整军经武把自己组织起来，那么很容易找到组织自己军队的办法。而对于这种办法我是完全信赖的。

① 原文是"quod nihil sit tam infirmum aut in stabile quam fama potentiae non sua vixa"，引自塔西佗《历史纪年》XIII，19。

② 即瓦伦蒂诺公爵切萨雷·博尔贾、锡拉库萨的耶罗内、大卫和法国查理七世。

第十四章　君主关于军事方面的责任

君主除了战争、军事制度和训练之外，不应该有其他的目标、其他的思想，也不应该把其他事情作为自己的专业，因为这是进行统帅的人应有的唯一的专业①。它的效力②不仅能够使那些生下来就当君主的人保持地位，而且有许多次使人们从老百姓的地位一跃而高居王位。反之，大家都知道，君主沉醉于安逸比对关心军事想得更多便亡国。亡国的头一个原因就是忽视这种专业，而使你赢得一个国家的原因，就是因为你精通这门专业。

弗朗切斯科·斯福尔扎由于讲求军事，于是由平民一跃而为米兰的公爵；而他的孩子们③由于躲避军事的困苦，于是由公爵降为平民。因为不整军经武，就使得人们蔑视你，这是君主必须提防的奇耻大辱之一。这一点容后说明，因为武装起来的人同没有武装起来的人是无法比较的。指望一个已经武装起来的人心甘情愿服从那个没有武装起来的人，或者没有武装的人厕身于已经武装

---

① 这是有意夸张的表达，但是它符合马基雅维里的一个观点，根据这个观点，君主可以（甚至应该）将民事管理工作交给自己选择的地方官，而自己绝对地掌握战争事务。

② 此处“效力”原文为“virtù”，但是在这里的意义与马基雅维里著作中通常使用的“能力”的意义不同，而是具有中世纪使用的意义。

③ 此处原文“figliuoli”，实指“后嗣”。

起来的臣仆之中能够安安稳稳，这是不符合情理的。因为一方抱着蔑视的态度，他方抱着猜疑，这两者是不可能好好地相处共事的。所以，一个君主如果不懂军事，除了已经提到的其他不幸之外，他既不能获得自己的士兵的尊敬，而自己也不能够信赖他们。

因此，君主永远不要让自己的思想离开军事训练问题，而且他应该在和平时期比在战争时期更加注意这个问题。他要做到这一点，可以有两个方法：其一是采取行动，其二是靠思考。关于行动方面，君主除了必须把他的人妥善地组织起来加以训练之外，自己也必须不断地从事狩猎，借以锻炼身体，习惯于艰苦生活，并且认识各处地理状态，了解山脉是怎样起伏的，峡谷是怎样凹陷的，平原是怎样展开的，还要明了河流沼泽的特性，而且对于这一切必须予以最大的注意。

这种知识有两种用处：首先是他学会怎样了解自己的国土，就能够更好地懂得怎样保卫它；其次，如果此后他有必要了解任何其他地方时，由于他对那个地方的知识与经验，他就能够很容易了解那个地方。因为，举个例子说，在托斯卡纳的丘陵、山谷、平原、河流和沼泽同其他地区这些地方有某种相似之处，从而一个人由于了解一个地区的地势，就能够很容易地了解其他地区的地势。君主如果缺乏这种专长，也就是缺乏了一个首领应该具备的头一个条件，因为这种专长告诉他怎样发现敌人，选择根据地，率领军队安排作战阵地，以及利用有利条件围攻目的地。

阿凯亚人的君主菲利波门(Filipomene)①曾经受到史学家的

① 菲利波门(Filipomene，即 Filopemen，公元前 253—前 183)，在同马其顿的菲利普五世的战争中，他是阿凯亚同盟的首领；先后战胜斯巴达，打败其暴君纳比斯，最后被俘处死；被希腊传记家普鲁塔克(Plutarch)称为“希腊的最后一人”。

各种赞扬，其中有一条就是，因为他在和平时期还是思考着战争的方法；当他和他的朋友一起在乡村的时候，他常常停下来同他们讨论：如果敌人在这个山丘出现，而我们和我们的军队却在这里，谁享有地利呢？我们怎样才能够保持队形稳妥地打击敌人呢？如果我们想退却，应该怎样采取行动呢？如果敌人退却了，我们应该怎样追击呢？当他和他们一起走着的时候，他会向他们提出一支军队可能遇到的一切情况，他倾听他们的意见，并且说明自己的意见，同时提出理由加以论证。这样一来，由于这样经常不断地深谋远虑，他在率领军队时就不可能发生他不能够应付的任何意外事件。

但是，为着训练脑筋，君主还应该阅读历史，并且研究历史上伟大人物的行动，看看他们在战争中是怎样做的，检查他们胜利与战败的原因，以便避免后者而步武前者。最重要的是他应当像过去那些伟大人物那样做。他们要选择某一个受到赞美和尊崇的前人作为榜样，并且经常把他们的举措和行动铭记心头，据说①，亚历山大大帝就是效法阿基里斯，恺撒②效法亚历山大，西奇比奥③效法居鲁士。谁读色诺芬④所写的居鲁士王的生平，谁就会从西

---

① 马基雅维里此说，殆采自古希腊传记家普鲁塔克所著《传记集》。——此书将希腊罗马的伟人并列对比，并加评论。

② 恺撒(Ceasare，Galus Julius，公元前100—44)，罗马名将及政治家。

③ 西奇比奥(Scipione，Publius Cornelius，公元前237？—前183)，绰号大阿非利加(l'Africano Maggiore)，罗马将领，因征西班牙有功，当选为执政，并战胜迦太基人，大败汉尼拔于扎马之役。

④ 色诺芬(Senofonte，公元前434？—前351)希腊史学家。苏格拉底弟子。曾从斯巴达军队，助波斯王子小居鲁士与其兄争位，战败率兵涉险返国，著《远征记》述其经过。

奇比奥的生平看到他效仿居鲁士给自己带来多大光荣，同时在纯洁、和蔼、仁慈、宽宏大量方面，西奇比奥同色诺芬所描述的关于居鲁士的特性多么吻合。

这样一类的方法，贤明的君主必须遵守；而且在和平时期绝不能够无所事事，相反，应该努力地利用这些时间，以便在命运逆转的时候，就已经做好了反击的准备。

第十五章　论世人特别是君主受到赞扬或者受到责难的原因

现在尚待考察的是，君主对待臣下和朋友应该采取的方法和行动。关于这一点，我知道有许多人已经写过文章，现在我也写起文章来，特别是当我讨论这个问题的时候，我的观点与别人的不同，因此，我恐怕会被人认为倨傲自大[①]。

可是，因为我的目的是写一些东西，即对于那些通晓它的人是有用的东西，我觉得最好论述一下事物在实际上的真实情况，而不是论述事物的想象方面。许多人[②]曾经幻想那些从来没有人见过或者知道在实际上存在过的共和国和君主国。可是人们实际上怎样生活同人们应当怎样生活，其距离是如此之大，以致一个人要是为了应该怎样办而把实际上是怎么回事置诸脑后，那么他不但不能保存自己，反而会导致自我毁灭。因为一个人如果在一切事情上都想发誓以善良自持，那么，他厕身于许多不善良的人当中定会

---

① 自本章开始，马基雅维里摆脱当时在欧洲占统治地位的伦理学和神学传统的束缚，从历史与生活实践的经验出发，进行逻辑推理，揭示“典范的君主”（即一切剥削阶级统治者）所必需有的思想感情和性格。作者预见自己大胆提出创新的政治理论将引起强烈的反对。

② 这里“许多人”，在古代，包括以《理想国》著名的柏拉图、以《政治论》著名的亚里士多德以及西塞罗等人；在中世纪，包括教父哲学代表人物奥古斯丁（354—430）、托马斯·阿奎那等人。马基雅维里反对柏拉图和亚里士多德，但是在国家论方面，特别是在《李维史论》中，又受亚里士多德的影响。

遭到毁灭。所以，一个君主如要保持自己的地位，就必须知道怎样做不良好的事情，并且必须知道视情况的需要与否使用这一手或者不使用这一手。

为此，我想把关于想象上的君主的事情撇在一边，而只是讨论确实存在的事情。我认为被人们评论的一切人——特别是君主，因为他的地位更高——都突出地具有某些引起赞扬或者招致责难的品质。这就是说有人被誉为慷慨，有人被贬为吝啬(这是使用托斯卡诺的用语，因为在我们的方言里面，贪婪的人还包括那些想靠掠夺取得财物的人，而我们称为吝啬的人是指那种不愿多使用自己东西的人)。有人被认为乐善好施，有人则被视为贪得无厌；有人被认为残忍成性，有人被认为慈悲为怀；有人被认为食言而肥，有人被认为言而有信；有人被认为软弱怯懦，有人则被认为勇猛强悍；有人被认为和蔼可亲，有人则被认为矜傲不逊；有人被认为淫荡好色，有人被认为纯洁自持；有人被认为诚恳，有人则被认为狡猾，有人被认为脾气僵硬，有人则被认为容易相与，有人被认为稳重，有人被认为轻浮，有人被认为是虔诚之士，有人则被认为无信仰之徒，如此等等。

我知道每一个人都同意：君主如果表现出上述那些被认为优良的品质，就是值得褒扬的。但是由于人类的条件不允许这样，君主既不能全部有这些优良的品质，也不能够完全地保持它们，因此君主必须有足够的明智远见，知道怎样避免那些使自己亡国的恶行(vizii)，并且如果可能的话，还要保留那些不会使自己亡国的恶行，但是如果不能够的话，他可以毫不踌躇地听之任之。

还有，如果没有那些恶行，就难以挽救自己的国家的话，那么他也不必要因为对这些恶行的责备而感到不安，因为如果好好地考虑一下每一件事情，就会察觉某些事情看来好像是好事，可是如果君主照着办就会自取灭亡，而另一些事情看来是恶行，可是如果照办了却会给他带来安全与福祉。

第十六章　论慷慨与吝啬

现在从上述的头一种品质开始谈起。我说，被人们称为慷慨可能是好的；可是，如果慷慨在作法上使你不获称誉，它就损害你了；因为如果你有道德地并且正当地慷慨行事而不见知于人，你就逃避不了与此相反的恶名。所以，一个人如果希望在人们当中保有慷慨之名，就必不可免地带有某些豪侈的性质，以致一个君主常常在这一类事情上把自己的财力消耗尽了。到了最后，如果他们想保持住慷慨的名声，他就必然非同寻常地加重人民的负担，横征暴敛，只要能够获得金钱，一切事情都做得出来。这就使得他的臣民开始仇恨他，而且当他变得拮据的时候，任何人都不会敬重他。结果是，因为他这样的慷慨损害了许多人，而受惠者只是很少数人，所以他是第一个遭遇困难的人，不论发生什么危险，他将先受其害。而等到他认识到这一切想要缩手的时候，他将立即获得吝啬的恶名。

因为君主除非使自己负担损失，否则就不能够运用这种慷慨的德性扬名于世，所以，如果君主是英明的话，对于吝啬之名就不应该有所介意。因为当人们看见由于节约的缘故，他的收入丰盈，能够防御对他发动战争的任何人，能够建功立业而不加重人民的负担；因此随着时刻的流转，人们将会认为这位君主愈来愈慷慨了。这样一来，他对于一切人说来就是慷慨的，因为他没有增加他们的负担，他们人数又很多；反之，他对于没有施予的人说来是吝啬的，但这些人毕竟为数甚少。

在我们的时代里，我们看见只有那些曾经被称为吝啬的人们才做出了伟大的事业，至于别的人全都失败了。教皇朱利奥二世就是借助慷慨之名使自己登上教皇的宝座的；可是，为了能够进行战争，后来他就不考虑保持慷慨的名声了。当今的法国国王〔路易十二〕进行了许多场战争，而没有向属民征收特别的赋税，就是因为他依靠长时期节约之所得，供他的额外支出。当代的西班牙国王〔费尔迪南多〕假如享有慷慨之名，就不可能从事并且完成这样多的宏图伟业了。

所以，为了不去掠夺老百姓，为了能够保卫自己，为了不陷于穷困以致为人们所轻蔑，为了不致变成勒索强夺之徒，君主对于招来吝啬之名亦不应该有所介意，因为这是他能够统治下去的恶德之一。如果有人说："恺撒也曾由于慷慨取得统治权，而且其他许多人也曾由于慷慨或者被称赞为慷慨而取得至高无上的地位的。"我回答他说：现在你已经成为一位君主，否则就是正在争取君主的地位。如果是第一种情况，这种慷慨是有害的；如果是第二种情况，被人们誉为慷慨却是十分必要的。恺撒是那些渴望取得罗马君权的人们当中的一个；但是，如果他在取得罗马君权之后仍然统治下去而不节约他的支出的话，他就会毁灭帝国。假如有什么人反驳说：世界上曾经有过许多君主，他们依靠军队建立了伟大的事业，同时也曾经被称誉为最慷慨不过。对此我要回答你说：君主所花费的钱财，或者是他自己的和他的老百姓的钱财，否则就是别人的钱财。在头一种场合，他必须节约；如果在第二种场合，他不应该忽略表示慷慨的任何机会。

一位君主如果带军队出征，依靠掳掠、勒索、敲诈和使用别人的财物，这个时候慷慨是必要的；否则士兵就不追随他了。正如居鲁士、恺撒、亚历山大一样，对于既不是你自己的财产也不是你的老百姓的财产，你尽可以作为一个很阔绰的施主，因为你慷他人之慨淋漓痛快，不但无损于你的名声，倒是使你的声誉鹊起。只有把你自己的财产挥霍了，才损害你自己。世界上再没有一样东西比慷慨消耗得更厉害的了，因为当你慷慨而为的时候，你就失去了使用慷慨的能力，不是使自己贫穷以致被人轻视，就是因为要避免陷于贫穷而贪得无厌惹人憎恨。因此，一个君主头一件事就是，必须提防被人轻视和憎恨，而慷慨却会给你带来这两者。因此，明智之士宁愿承受吝啬之名，因为它虽然带来丑名但是不引起憎恨，追求慷慨之誉，则必然招致贪婪之名，而贪婪之名则使丑名与憎恨两者俱来。

第十七章　论残酷与仁慈，被人爱戴是否比被人畏惧来得好些

现在谈谈前面[①]列举的另一种品质。我认为，每一位君主都一定希望被人认为仁慈而不是被人认为残酷。可是他必须提防不要滥用这种仁慈。切萨雷·博尔贾是被人认为残酷的。尽管如此，他的残酷却给罗马尼亚带来了秩序，把它统一起来，并且恢复和平与忠诚。如果我们好好地考虑到这一点，就会认识到博尔贾比佛罗伦萨的人们仁慈得多了，因为后者为着避免残酷之名反而让皮斯托亚[②]被毁灭了。所以君主为着使自己的臣民团结一致和同心同德，对于残酷这个恶名就不应有所介意，因为除了极少数的事例之外，他比起那些由于过分仁慈、坐视发生混乱、凶杀、劫掠随之而起的人说来，是仁慈得多了，因为后者总是使整个社会受到损害，而君主执行刑罚不过损害个别人罢了。在所有的君主当中，新的君主由于新的国家充满着危险，要避免残酷之名是不可能的。维吉尔借迪多(Dido)的口说道：

“严峻的形势、崭新的邦家，

---

① 第15章列举关于引起赞扬或者责难的第二对品质，见第74页。

② 皮斯托亚(Pistoia)在1501—1502年间由于坎切列里(C. Cancellieri)和潘恰蒂基(Panciatichi)两派之争，佛罗伦萨的统治者采取容忍态度，最后酿成流血、掠夺与破坏的悲惨状态。

命我森严壁垒，警戒着海角天涯。”①

但是，君主对于信任他人或者采取行动则务须慎重；不过，也不要杯弓蛇影，妄自惊慌。他应当慎思明辨，人道为怀，有节制地行事，以免由于过分自信而使自己流于轻率鲁莽，或者由于过分猜疑而使自己褊狭不能容人。

关于这一点，发生这样一个争论：究竟是被人爱戴比被人畏惧好一些呢？抑或是被人畏惧比被人爱戴好一些呢？我回答说：最好是两者兼备；但是，两者合在一起是难乎其难的。如果一个人对两者必须有所取舍，那么，被人畏惧比受人爱戴是安全得多的。因为关于人类，一般的可以这样说：他们是忘恩负义、容易变心的，是伪装者、冒牌货，是逃避危难，追逐利益的。当你对他们有好处的时候，他们是整个儿属于你的。正如我在前面谈到的，当需要还很遥远的时候，他们表示愿意为你流血，奉献自己的财产、性命和自己的子女，可是到了这种需要即将来临的时候，他们就背弃你了。因此，君主如果完全信赖人们的说话而缺乏其他准备的话，他就要灭亡。因为用金钱而不是依靠伟大与崇高的精神取得的友谊，是买来的，但不是牢靠的。在需要的时刻，它是不能够倚靠的。而且人们冒犯一个自己爱戴的人比冒犯一个自己畏惧的人较少顾忌，因为爱戴是靠恩义（di obligo）这条纽带维系的；然而由于人性是恶劣的（tristi），在任何时候，只要对自己有利，人们便把这条纽带一刀两断了。可是畏惧，则由于害怕受到绝不会放弃的惩罚而保

① 维吉尔（Virgilio，公元前70—前19），罗马诗人。此句引自所作被称为罗马的国民史诗*Aeneid*，原文为拉丁文：

“Res dura，et regni novitas me talia cogunt moliri，et late fines custode tueri.”

持着。

但是，君主使人们畏惧自己的时候，应当这样做：即使自己不能赢得人们的爱戴，也要避免自己为人们所憎恨；因为一个人被人畏惧同时又不为人们所憎恨，这是可以很好地结合起来的。只要他对自己的公民和自己的属民的财产，对他们的妻女不染指，那就办得到了。而当他需要剥夺任何人的生命的时候，他必须有适当的辩解和明显的理由才这样做。但是头一件是，他务必不要碰他人的财产，因为人们忘记父亲之死比忘记遗产的丧失（perdita del patrimonio）还来得快些①。再说，夺取他人财产的口实是永远好找的；一个人一旦开始以掠夺为生，他就常常找到侵占他人财产的口实。但是，与此相反，夺取他人生命的理由却更加难找了，而且很快就消失了。

可是，当君主和军队在一起并且指挥庞大的队伍的时候，他完全有必要置残酷之名于度外；因为如果没有这个残酷之名，他就绝不能够使自己的军队保持团结和踊跃执行任何任务。下面这件事情可以列为汉尼拔②的惊人的行动之一。他率领一支由无数民族混合组成的大军，在外国的土地上作战，无论在噩运或者在好运的时候，也无论在军队当中或者对待君主，都不曾发生任何龃龉。这并不是由于别的原因，而只是由于他的残酷无情，同时他具有无限的能力，这就使他在士兵的心目中感到既可敬又可畏。但是假使他不是残酷无情的话，光靠他的其他能力是不能够产生这样的效

① 这是东西方学者经常摘引，用以指责马基雅维里的一句话。

② 汉尼拔（Annibale，公元前247—前183），迦太基军队统帅，曾越过阿尔卑斯山入侵意大利，后失败逃亡（公元前196），联合叙利亚国王对罗马人作战，失败后自杀。

果的。然而对此事缺乏深思熟虑的史学家们，一方面赞赏汉尼拔取得这样的成果，而另一方面却非难他取得这种成果的主要原因。

假如汉尼拔只有其他的能力，那确是不够的，关于这一点可以从西奇比奥的事例中看到。西奇比奥不仅在他那个时代而且在全部史纪上都是一位罕有的人物；可是他的军队在西班牙背叛他，其原因不是别的，而只是由于他太仁慈了。他让自己的士兵享有同军纪不相容的更大的自由。为此，他在元老院受到法比奥·马西莫的弹劾；被称作罗马军队的败坏者。

洛克伦斯居民曾经遭受西奇比奥的一名使者的摧残，可是西奇比奥既没有替他们报仇雪耻，对于使者的横行霸道也没有加以惩罚。这完全是由于西奇比奥性情和易使然。因此，在元老院里想替他辩解的人就说，许多人懂得怎样不犯错误，比懂得怎样矫正别人的错误来得清楚。如果西奇比奥这样继续保持他的统帅地位，这种性情早晚要把他的名声和荣誉葬送掉。但是，由于他是在元老院的监督之下，他这种有害的品性不仅被掩盖起来，而且还使他获得荣誉。

现在我们回到关于被人畏惧或者被人爱戴这个问题上来。我的结论是：人们爱戴君主，是基于他们自己的意志，而感到畏惧则是基于君主的意志，因此一位明智的君主应当立足在自己的意志之上，而不是立足在他人的意志之上。他只是必须努力避免招仇惹恨，有如前述。

第十八章　论君主应当怎样守信[①]

任何人都认为，君主守信，立身行事，不使用诡计，而是一本正直，这是多么值得赞美呵！然而我们这个时代的经验表明：那些曾经建立丰功伟绩的君主们却不重视守信，而是懂得怎样运用诡计，使人们晕头转向，并且终于把那些一贯守信的人们征服了。

因此，你必须懂得，世界上有两种斗争方法：一种方法是运用法律，另一种方法是运用武力。第一种方法是属于人类特有的，而第二种方法则是属于野兽的。但是，因为前者常常有所不足，所以必须诉诸后者。因此，君主必须懂得怎样善于使用野兽和人类所特有的斗争方法。关于这一点，古代的作家们早已谲秘地教给君主了。他们描写阿基里斯[②]和古代许多其他君主怎样被交给半人半马的怪物基罗尼[③]喂养，并且在它的训练下管教成人。这不外乎说，君主既然以半人半兽的怪物为师，他就必须知道：怎样运用人性和兽性，并且必须知道：如果只具有一种性质而缺乏另一种性质，不论哪一种性质都是不经用的。

君主既然必须懂得善于运用野兽的方法，他就应当同时效法

---

① 此章是在马基雅维里的名著中受到后世许多评论家最严厉非议的一章。

② 阿基里斯（Achille，即 Achilles），传说是希腊英雄，从小就由半人半马的基罗尼教养，学会狩猎和作战的本领。

③ 原文（Chirone centauro），事见希腊神话。

狐狸与狮子。由于狮子不能够防止自己落入陷阱,而狐狸则不能够抵御豺狼。因此,君主必须是一头狐狸以便认识陷阱,同时又必须是一头狮子,以便使豺狼惊骇。然而那些单纯依靠狮子[①]的人们却不理解这点。所以,当遵守信义反而对自己不利的时候,或者原来使自己作出诺言的理由现在不复存在的时候,一位英明的统治者[②]绝不能够,也不应当遵守信义。假如人们全都是善良的话,这条箴言就不合适了。但是因为人们是恶劣的,而且对你并不是守信不渝的,因此你也同样地无需对他们守信。一位君主总是不乏正当的理由为其背信弃义涂脂抹粉。关于这一点,我能够提出近代无数的实例为证,它们表明:许多和约和许多诺言由于君主们没有信义而作废和无效;而深知怎样做狐狸的人却获得最大的成功。但是君主必须深知怎样掩饰这种兽性,并且必须做一个伟大的伪装者和假好人。人们是那样地单纯,并且那样地受着当前的需要所支配,因此要进行欺骗的人总可以找到某些上当受骗的人们。

在新近的那些事例当中有一件事,我不想保持沉默:亚历山大六世除了欺骗人们之外,既不曾作过任何其他事情,也从来不曾梦想过任何其他事情,但是他总是找到上当受骗的货色。因为世界上从来不曾有过一个人比他更加有力地作出保证,比他更加信誓旦旦地肯定某一件事情,而同时没有一个人比他更加随便地食言而肥的了。可是,他的欺骗总是称心如意地获得成功,因为他深刻

---

① 原文“... in sul lòne”,意谓“总是像狮子般行动,使用公开的暴力”。

② 此处马基雅维里改用“一位明智的统治者”(uno signore prudente)。

地认识到人世的这一方面。

因此，对于一位君主说来，事实上没有必要具备我在上面列举的全部品质①，但是却很有必要显得具备这一切品质。我甚至敢说：如果具备这一切品质并且常常本着这些品质行事，那是有害的；可是如果显得具备这一切品质，那却是有益的。你要显得慈悲为怀、笃守信义、合乎人道、清廉正直、虔敬信神，并且还要这样去做，但是你同时要有精神准备作好安排：当你需要改弦易辙的时候，你要能够并且懂得怎样作一百八十度的转变。必须理解：一位君主，尤其是一位新的君主，不能够实践那些被认为是好人应做的所有事情，因为他要保持国家(stato)，常常不得不背信弃义，不讲仁慈，悖乎人道，违反神道。因此，一位君主必须有一种精神准备，随时顺应命运的风向和事物的变幻情况而转变。然而，正如我在前面说过的②，如果可能的话，他还是不要背离善良之道，但是如果必须的话，他就要懂得怎样走上为非作恶之途。

因此，一位君主应当十分注意，千万不要从自己的口中溜出一言半语不是洋溢着上述五种美德的说话，并且注意使那些看见君主和听到君主谈话的人都觉得君主是位非常慈悲为怀、笃守信义、讲究人道、虔敬信神的人。君主显得具有上述最后一种品质，尤其必要。人们进行判断，一般依靠眼睛更甚于依靠双手，因为每一个人都能够看到你，但是很少人能够接触你；每一个人都看到你的外表是怎样的，但很少人摸透你是怎样一个人，而且这些少数人是不

---

① 指第15章所称的良好品质。

② 指本书第15章第2段。

敢反对多数人的意见的,因为后者受到国家最高权威的保护。对于不能够向法院提出控诉的一切人的行动,特别是君主的行动,人们就注意其结果。所以,一位君主如果能够征服并且保持那个国家的话,他所采取的手段总是被人们认为是光荣的,并且将受到每一个人的赞扬。因为群氓总是被外表和事物的结果所吸引,而这个世界里尽是群氓。当多数人能够站得住脚的时候,少数人是没有活动的余地的。当代的某一位君主①——我现在不便点名,——除了和平与信义之外,从来不宣扬其他事情,但是他对这两者的任何一者都是极端仇视的。然而假使他曾经遵守其中任何一者,那么,他的名望或者他的权力就不免三番五次被人攫取了。

① 指西班牙的"天主教徒"费尔迪南多。他死于1516年1月23日,如果马基雅维里写作时点名,对于马基雅维里显然是不利的。

第十九章　论应该避免受到蔑视与憎恨

关于前面提到的君主的品质[①]，我已经论述其中最重要的一些品质，现在我想根据下述总纲扼要地讨论其余的品质。这条总纲就是正如前面已经稍微提到的[②]，君主必须考虑怎样避免那些可能使自己受到憎恨或者轻视的事情。如果他能够避免这些事情，他就尽到自己的本分了，即使有其他丑行也不会有什么危险。

正如我已经说过的[③]，贪婪，霸占臣民的财产及其妇女，特别使君主被人衔恨；因此，他必须避免这两件事情。当大多数人的财产和体面都没有受到侵犯的时候，他们就安居乐业，君主只需要同很少数人的野心进行斗争，他可以有许多方法并且轻而易举地把这些人控制住。

君主如果被人认为变幻无常、轻率浅薄、软弱怯懦、优柔寡断，就会受到轻视。因此，他必须像提防暗礁一样提防这一切。他应该努力在行动中表现伟大、英勇、严肃庄重、坚忍不拔。关于臣民的私事问题，他所作的决断应该是不可更改的。而且，他应该支持人们对他抱有这样一种见解：谁都不要指望欺骗他或者瞒过他。

---

① 见第15章。

② 见第15、16、17章。

③ 见第17章。

君主使人们对自己抱有这种见解，就会深受敬重，而阴谋反对一个受到敬重的人是困难的。如果大家都认为他卓越非凡而且受到他的臣民尊敬，要攻击他也是困难的。因此，君主必须注意两件事：其一是内部的，它来自臣民方面；其二是外部的，它来自外国势力。对于后一种情况，依靠坚甲利兵和依靠亲密的盟友就能够防御了。而且，如果他拥有坚甲利兵，他们总会有亲密的盟友。除非国内已经受到阴谋的捣乱，否则在对外泰然无事的时候，国内也是泰然无事的。即使遇有外患，如果君主已经如我所说的安排和立身行事，只要他不是自暴自弃，他就能够如同我所说的斯巴达的纳比德①那样抵抗一切攻击。

但是，关于臣民的问题，当没有外患的时候，君主不得不害怕的只是他们秘密地搞阴谋。关于这一点，如果君主避免引起臣民的憎恨和轻视，使人民对他感到满意，他就能够坐稳江山了。正如我上面已经详细申述的②，这是君主必须做到的一件事情。一位君主要能够对抗一切阴谋，最有效的办法之一就是不要受到广大人民憎恨，因为搞阴谋的人总是指望把君主置诸死地来取悦于人民；但是，如果阴谋者认为那样做只能激怒人民的话，他就不会有勇气实现这样一类的意图了。因为，阴谋者将要遭遇到无限的困难。经验证明：自古以来，阴谋为数很多，而曾经成功者甚少，因为搞阴谋的人都不能够单枪匹马地干。而且，除了那些他认为是心怀不满的人们之外，不能够找到别的人合伙同谋。但是，一旦你向

---

① 纳比德，见第 9 章第 47 页注①。

② 见第 9 章、第 17 章。

一个不满之徒吐露你的意图，你就给他一个使他可以获得满足的方法，因为他显然可以期待从这里取得各种好处，①当他看到：站在这一方面利益是确定的，而站在另一方面则是不确定的并且充满着危险，如果他笃守信义，他就是你的罕有的朋友，否则就是君主的非常顽固不化的敌人。

现在把这件事扼要地说一下。我认为，在阴谋者这方面，除了怀着恐惧、妒忌、担心受到令人丧胆的刑罚之外，再没有别的东西了；但是在君主这方面，有的是一国之君的威严、法律，他的盟友和国家对他的保护，除此之外，还有人民的好感。因此，任何人都不可能那样轻举妄动地搞阴谋。同时，一般阴谋者，在为非作恶之前都不得不有所畏惧；在这种情况之下，由于阴谋者是人民的敌人，他在为非作恶之后，也一定是害怕的，并且因此决不能够指望获得任何藏身之所。

关于这个问题，可以举出无数的实例，但是我想举一个例子就够了，这个例子在我们的父亲这一辈人当中还记得它是怎样发生的。先前波洛尼亚的君主梅塞尔·安尼巴莱·本蒂沃利②，即当今的梅塞尔·安尼巴莱的祖父，是被坎尼斯基家族搞阴谋杀害的，当时除尚在幼龄的梅塞尔·焦万尼③外，安尼巴莱·本蒂沃利家

---

① 意谓将阴谋向君主告发的人可以指望获得重赏。

② 梅塞尔·安尼巴莱·本蒂沃利奥（Messer Annibale Bentivogli）于1445年被波洛尼亚另一个大家族首领巴蒂斯塔·坎尼斯基（Battista Canneschi）杀害，但遭到群众反对，巴蒂斯塔·坎尼斯基亦被杀死。

③ 梅塞尔·焦万尼·本蒂沃利奥（Messer Giovanni Bentivogli，1438—1508），安尼巴莱·本蒂沃利之子。其父被杀时，他才七岁。长大后在波洛尼亚执政（1462—1504）。

族没有一个人幸存。可是在他被杀死之后，人民立即起来把坎尼斯基家族全部杀死了。这是由于当时本蒂沃利家族在波洛尼亚获得人民的好感是非常有力的。虽然在安尼巴莱死后能够统治这个国家的人一个也没有残存下来，可是当波洛尼亚的人们听说，在佛罗伦萨有一个过去一直被人当作铁匠的儿子、其实是本蒂沃利家族的后裔，他们就到佛罗伦萨迎接他，并且把这个城市的政府交给他。这个城市就由这个人统治，直到梅塞尔·焦万尼长大能够亲政为止。

因此，我的结论是：当人民对君主心悦诚服的时候，君主对于那些阴谋无需忧心忡忡；但是如果人民对他抱有敌意，怀着怨恨的话，他对任何一件事，对任何一个人就必然提心吊胆。

因此，妥善组织的国家和英明的君主都非常注意不要逼使贵族背城借一，同时要使人民获得满足，心情舒畅。因为这是君主所必须做的最重要的事情之一。

法国是我们这个时代里组织得最好、统治得最好的王国之一。在这个国家里，我们看到法国国王的自由与安全赖以维持的优越的制度无数之多。其中主要的一个制度就是“议会”①及其权力。因为建立这个王国的人知道权力者②的野心和他们的傲慢，认定有必要在他们的嘴上套上制动机来约束他们；另一方面，因为君主

① “议会”（“parlamento”即法语的“parlement”）这个机构在法国大革命前的职能与现代“议会”不同，它在路易九世的1254年，以“法国议会”或者“巴黎议会”之名，开始作为中央的皇家法院建立起来；其后菲利普四世于1302年召开第一次“三级会议”，使这个机构进一步确立。

② 权力者（potenti），此处实指贵族。

知道人民由于惧怕贵族从而怨恨贵族，君主便设法使他们感到安全，但是，他又不想把这种事情作为君主特别照料的事情，于是，为着避免自己由于袒护人民而受到贵族非难，同时为了避免由于袒护贵族而受到人民的物议，国王就设立作为第三者的裁判机关[①]，这个裁判机关可以弹劾贵族，维护平民，而用不着国王担负责任。对于国王和王国说来，世界上再没有比这个制度更好、更审慎，再没有比这个方法更安全的了。由此，我们又可以获得另一个值得注意的结论：君主务必把担带责任的事情委诸他人办理，而把布惠施恩的事情自己掌管。我们还可以得出结论说：君主因此必须看重贵族，但是不应该因此使自己为人民所恨。

有些人研究了罗马皇帝的生平与死亡，也许会觉得，实例同我的见解相反，因为他们察觉在罗马皇帝当中有些人立身行事一向卓尔不凡，而且表现出精神伟大的品质，然而，这些皇帝都丧失了自己的帝国，并且被那些谋反的臣民杀害了。

为着回答这类反对意见，我想讨论一下某些皇帝的品质，并且证明他们灭亡的原因同我所指出的那些原因并无不同之处。同时我想把研究那个时代的行动值得注意的一些事情提出来讨论一下。

我觉得，列举那些继承罗马帝国帝位的皇帝们，上起哲学家马尔科[②]下至马西米诺[③]为例就足够了。这些皇帝包括马尔科、他的

---

① 第三者的裁判机关（uno iudice terzo）指上述“议会”。

② 马尔科·奥雷利奥（Marco Aurelio，121—180），罗马皇帝（160—180），以斯多噶派哲学家出名，著有《沉思录》。

③ 朱利奥·韦罗·马西米诺（Giulio Vero Massimino，173—238），罗马皇帝（235—238），被自己的军队杀害。

儿子科姆莫多①、佩尔蒂纳切②、尤利亚诺③、塞韦罗④、其子安托尼诺·卡拉卡拉⑤、马克里诺⑥、埃利奥加巴洛⑦、亚历山大⑧和马西米诺。

首先应该注意的是：在别的国家里，君主只需要同贵族的野心、同人民的傲慢不逊进行斗争就行了，可是罗马的皇帝们却有第三种困难：必须容忍他们的军队的残暴与贪婪，而这是一件很困难的事情。它曾经是很多皇帝灭亡的原因，因为要同时满足军队和人民这两方面是困难的。这是因为人民酷爱和平，所以总是喜爱温和谦逊的君主；而另一方面，军队却喜欢具有尚武精神的、残暴贪婪的君主。

军队希望君主用后一种品性对待人民，使自己能够获得加倍的军饷，让自己的贪心和残酷性得逞。因此，那些皇帝或者由于上代没有遗下伟大的声誉，或者由于自己没有本领获得伟大的声誉

---

① 科姆莫多(Commodo Marco Aurelio,169—192)，罗马皇帝(180—192)。

② 普布利奥·埃尔维奥·佩尔蒂纳切(Publio Elvio Pertinace)，罗马皇帝(193年)，在位仅八十七日被叛军杀害。

③ 马尔科·迪迪奥·尤利亚诺(Marco Didio Iuliano)，193年佩尔蒂纳切被杀后立为罗马皇帝，在位六十六日被元老院所杀。

④ 塞蒂米奥·塞韦罗(L. Settimio Severo,146—211)，罗马皇帝(193—211)。

⑤ 安托尼诺·卡拉卡拉(Antonino Caracalla,188—217)，罗马皇帝(211—217)。

⑥ 马尔科·奥佩利奥·马克里诺(Marco Opelio Macrino,164—218)，217年谋杀卡拉卡拉成功后，为罗马皇帝，218年被杀死。

⑦ 埃利奥加巴洛(Eliogabalo)即瓦里奥·阿维托·巴西亚诺(Vario Avito Bassiano,204—222)，以卑劣的怪癖出名，马克里诺被杀后，为罗马皇帝(218—222)，222年，时十八岁，被杀死。

⑧ 亚历山大·塞韦罗(Alessandro Severo,208—235)，罗马皇帝(222—235)，在一次军事暴动中被杀害。

足以驾驭军队与人民双方，他们总是被灭亡的。而且他们当中大多数人，特别是那些新登帝位的人们面对这两种对立的脾气所作成的难局，于是自己光顾得满足军队，而对于损害人民则很少介意。这种做法是势有不得不然的，因为君主不可能不受到某些人仇恨，他首先必须避免受到广大人民的怨恨；如果不能够做到这一点，那么必须尽最大努力避免受到最有势力的人们的怨恨。

所以，那些新登帝位的皇帝们因为需要特别的帮助，就依靠军队更甚于依靠人民。这种做法对君主是否有益处，那就要看君主是否知道在军队当中怎样保持自己的声威而定了。

由于上述原因，结果马尔科、佩尔蒂纳切和亚历山大这些全是温和谦让的人、正义的热爱者、残暴的敌人、既人道又善良的人，却落得个悲惨的下场，唯独马尔科例外。

马尔科是生与死都很荣耀的唯一的一个人。这是因为他根据世袭权利继承王位，既不依靠军队也不依靠人民的力量，而且后来，由于他具有许多美德使他受到人们尊敬。当他在世的时候，他一直使军队和人民各安本分，他既没有招人怨恨，亦未引起人们轻视。

但是佩尔蒂纳切被选立为皇帝却是违反军队的意愿的。那些军队在先皇科姆莫多皇帝时代就过惯了放纵的生活。现在佩尔蒂纳切想要约束他们老老实实地生活，他们就受不了，于是怨恨由此而生。加之由于佩尔蒂纳切垂垂老矣，为人所轻视，因此当他执政之始就被消灭掉了。

在这里必须注意：善行如同恶行一样可以招致憎恨。所以，正如我上面说过的，一位君主为着保存自己的国家往往被迫做不好的事情；因为为了保持你的地位，当你认为自己需要的那些人——无论民众也好、军队也好、贵族也好——腐化堕落的时候，你为着使他们高兴，不得不迎合他们的脾胃。从而善行将与你为敌。

但是让我们看一看亚历山大吧！这是一位非常善良的人，在他受到赞扬的事情当中，有一件事就是：在他统治的十四年中，不曾有一个人未经审判而被他处死。然而，由于他被人们认为懦弱无能，是一个听任自己的母亲支配的人，于是，他为人所轻视，军队谋反并且把他杀死了。

现在，谈谈同他们相反的科姆莫多、塞韦罗、安托尼奥·卡拉卡拉、马西米诺等人的性格。你会发觉，他们全是最残酷、最贪婪的人物。为着使军人得到满足，他们不惜给予人民以任何的危害。而所有这些人都落得了可悲的下场，只有塞韦罗除外，因为塞韦罗非常能干，他虽然压迫人民，可是能够使军队对自己一直很好，因此，他始终是称心如意地统治着。因为他的才能使他在军队和人民的眼中都显得十分神奇，人民对他惊讶恐惧，军队则尊敬他，对他感到满足。因为，作为一个新君主而论，他的行动是伟大非凡的，我想扼要地说明他是怎样善于运用狐狸与狮子的性格，正如我在上面说过的，而这两者都是君主必须效法的。

塞韦罗因为知道尤利亚诺皇帝怠惰昏庸，便说服他所统帅的驻在斯基亚沃尼亚[①]的军队，要它相信进军罗马替那个被罗马禁卫军杀害的佩尔蒂纳切复仇是正当的。在这个幌子之下，他没有泄露出自己对帝位觊觎之心，就向罗马进军。在人们还不知道他

① 斯基亚沃尼亚(Stiavonia)，现在今日南斯拉夫斯洛文尼亚附近。

已经出发的时候，他已经到达意大利。塞韦罗一到罗马，元老院就害怕了，便把他选为皇帝，并且把尤利亚诺杀掉了。

塞韦罗想要成为整个帝国的主宰，在这之后，他还有两项困难。其一在亚洲，亚洲军队的统帅尼格罗①已在那里自己称帝；其二在西方，有个阿尔皮诺②在那里，正在执政，也觊觎帝国。

塞韦罗认为，如果暴露自己，同时与两者为敌是危险的，于是决心袭击尼格罗，而对阿尔皮诺则进行欺骗。他给阿尔皮诺写信说，他被元老院选为皇帝，愿意同阿尔皮诺共同享受这个尊荣，所以赠送后者以恺撒的称号，并且由元老院决定，加封后者作为他的同袍。对于这些事情，阿尔皮诺竟信以为真。可是，在塞韦罗打败并杀死了尼格罗，并且解决了东方事件之后，他回到罗马，就向元老院申诉说，阿尔皮诺忘记了从他那里获得的恩惠，正在使用阴谋诡计企图杀害他，因此，他必须对阿尔皮诺的忘恩负义加以惩罚。其后，塞韦罗在法国找到了阿尔皮诺，于是把阿尔皮诺的政权和生命一并剥夺了。

现在谁要是仔细研究塞韦罗的行为的话，就会察觉塞韦罗既是一头最凶猛的狮子又是一只极狡猾的狐狸，并且还会发觉他受到每个人的敬畏，同时军人并不憎恨他。他作为一个新人物，却能够很好地保持这个帝国，这是不足为奇的。因为他享有的最高的声誉，使他能够始终抵消人民由于他的掠夺行为可能产生的憎恨。

但是他的儿子安托尼诺也是一个非常卓越的人物，他在人民

① 尼格罗(Pascennio Nigro)，194 年称帝，195 年被士兵所杀。

② 阿尔皮诺(Decio Clodio Settimio Albino)，193 年称帝，197 年被杀。

的眼中是可敬爱的,在军人方面是受欢迎的。这是因为他是一个尚武的人,最能忍受一切艰难困苦,瞧不起一切珍馐美味和任何其他奢侈品,这一点使他赢得全体军人的爱戴。可是,他的凶暴残忍却是前所未闻的,他杀人无数,其后又杀害罗马大部分居民和亚历山大里亚的全部居民。这件事使全世界都痛恨他,而且在他左右的人们对他也感到恐惧,以致他后来被自己军队中的一个“百人队”(Centurione)队长杀死了。

在这里必须注意:像这一类的死亡,是他人下定决心蓄意造成的,任何人只要不怕死都能够加害于君主,因此君主不能避免这种死亡。但是君主可以用不着太害怕这种死亡,因为这样死去毕竟是极罕见的。他只需要留意不要严重地损害服侍他的人或者在他左右为国家辛劳的那些人,不要如同安托尼诺之所为——安托尼诺把一个“百人队”队长的兄弟凌辱备至地杀死了,以后每日还对这个“百人队”队长加以威胁,但是安托尼诺仍然继续让他担任自己的禁卫队长。正如事实所证明的,这是一种冒失的做法,而且招致自身陨灭。

但是,让我们谈谈科姆莫多吧,因为他是以马尔科的太子身份根据继承权而享有帝位的,他只要踏着他父亲的足迹前进,使人民和士兵满意,他就能够容易不过地保有这个帝国。可是,由于他秉性残忍和野蛮,为了自己能够鱼肉人民,他要买好军人,让他们放纵不羁;另一方面,他没有保持自己的尊严,常常走到竞技场同搏斗者格斗,并且做出其他卑鄙的、同皇帝的尊严极不相称的事情,因此,他受到士兵轻视。由于一方面憎恨他,而另一方面蔑视他,于是人们合谋反对他,并且终于把他杀害了。

现在，还要谈的是马西米诺的性格。

马西米诺是一个非常好战的人物。正如我已经谈过的，军队由于亚历山大皇帝优柔怯懦而感到不耐烦，于是把亚历山大皇帝杀死而选举马西米诺为帝。可是马西米诺却不能长时期地保持帝位，这是因为他有两件事情使他为人所恨，为人所轻。第一件是出身卑贱；他曾经在特拉恰（Tracia）牧羊（此事是众所周知的，并且在每一个人的眼中都是非常不体面的）；另一件是，他在继承统治权的时候，并不立即去罗马占有帝位，却叫他的行政官，在罗马和罗马帝国的其他地方，干了许多极残酷的事情，从而使自己落得了一个非常残酷之名。

这样一来，全世界对他的出身卑贱抱有轻蔑之感，并且由于害怕他的残暴而产生憎恶之情，于是非洲首先造反了，其后是罗马的元老院和全罗马的人民以及整个意大利都合谋反对他了。甚至连他自己的军队也加入谋反了。因为他的军队包围阿奎莱亚（Aquileia），要夺取它而遇到种种困难的时候，对于他的残酷感到恼恨，同时因为发现他的仇敌是如此之多，也就不太害怕他，于是把他杀死了。

至于埃利奥加巴洛、马克里诺、尤里亚诺等人，我就不打算议论了，因为他们都是十足可鄙的，所以很快就给消灭了。但是我想就上面的论述总结一下。我认为，我们这个时代的君主们要使自己政府的军队特别满意，其困难比往时减少了，因为尽管他们必须对那些军队给以某些照顾，可是如有任何困难很快就获得解决了。我们这个时代的任何一位君主都没有一支军队像罗马帝国的军队那样，同政府和地方行政当局一道根深蒂固。如果说，在罗马帝国时代，满足军人比满足人民更有必要，那么现在所有的君主，除了土耳其皇帝和苏丹[①]之外，满足人民倒是比满足军人更有必要，因为现在人民比军人更有力量了。

我之所以把土耳其皇帝除外，这是因为他身边经常拥有一万二千名步兵和一万五千名骑兵，土耳其王国的安全和力量就是依靠他们。因此君主必须同他们保持友好关系，而把其他一切事情放在后头。苏丹统治的王国[②]也是同样的。这个王国完全在军人的手中。因此，苏丹也不管人民怎样，必须同军人保持友好关系。但是必须注意：苏丹国家同其他一切君主国都不相似。它类似天主教的教皇制，既不能称作世袭君主国，亦不能称作新的君主国；因为以前的君主的子孙并不是作为他的继承人，依继承权统治的，王位继承人是由享有特权的人们选举出来的人。这是一个古老的惯例，因为这个君主国并没有新建立的君主国所遭遇的任何一种困难，所以不能被称为新的君主国。虽然君主是新的，可是这个国家的秩序却是旧的，而且它安排迎接当选的君主，仿佛他就是世袭君主似的。

现在回到我们的本题吧。我想，任何人只要考虑以上论述就会了解到：上述的皇帝们灭亡的原因或者是仇恨，或者是轻蔑；并且还会认识到：在那些皇帝当中若干人是这样子行动，若干人的行动则与之相反，但是在每一类行动中，只有一个人获得幸福的结果，而其余的人则不幸以终。因为对于同是新君主的佩尔蒂纳切和亚

---

① 指君士坦丁堡的苏丹和埃及的苏丹。1517 年埃及王国合并于土耳其。

② 此处所称苏丹统治的王国指埃及王国。它完全在著名的骑兵队（mam malucehi）控制之下。

历山大说来，想要模仿那个根据继承权世袭王位的马尔科，不但徒劳无益而且是要吃亏的。同样地，对于卡拉卡拉、科姆莫多、马西米诺说来，想要模仿塞韦罗是极其危险的事情，因为他们没有足够的能力使自己能够追踪塞韦罗。

第二十章　堡垒以及君主们每日做的其他许多事情是有益的还是无益的

某些君主为着牢靠地统治国家，就解除了他们的属民的武装；另一些君主将所属的各个城市分裂；又一些君主则树敌反对他们自己；又一些君主则努力把他们开始统治时怀疑过的人们争取过来；又一些君主则兴建堡垒，而有些君主则破坏并摧毁堡垒。虽然，对于这一切事情要做出确定性的判断，除非掌握了某些采取过某种类似决定的国家的具体情况，否则是办不到的，但是我想在这个问题本身所允许的范围内一般地谈一谈。

从来没有一个新君主解除了他的属民的武装；与此相反，当他察觉他的属民没有武装的时候，他总是把他们武装起来；因为如果把他们武装起来，那些武力就变成你的武力，你过去怀疑的那些人们现在就变得忠诚了，而那些原来就是忠诚的人现在就保持忠贞不渝，并且由属民变成你的拥戴者了。而且，由于你不可能把所有的属民都武装起来，因此当你把一些人武装起来，从而使他们感到蒙恩受惠的时候，你对于其他的人们就能够更安全地对付了，因为前者由此认识到这种待遇的差别，使他们对你更加感到有报恩之责；而其他的人们会谅解你，因为他们断定，那些冒着更大危险、负有更大责任的人们，获得更大的奖赏是必要的。但是当你把他们解除武装的时候，你就开始得罪他们了；并且表明或者由于胆怯或者因为缺乏信义，你不信任他们了；这两条意见无论哪一条都孕育着对你的憎恨。而且因为你不能够永远没有武装，你终于不得不依赖于雇佣军，而他们的性质已见前述①；即使雇佣军再好不过，他们也不足以保卫你反抗强大的敌人和被你怀疑的属民。

所以，正如我说过的，在一个新的国家里一位新的君主常常在那里整军经武。历史上充满着这样的事例。

但是当一位君主取得一个新的国家，如同新肢接合于他的旧肢体那样，那就必须解除这个国家的武装，除了在你取得这个国家时就是拥戴你的人在外；而且即使后者，也必须看时间和机会，使他们变得柔弱和软化；并且必须进行安排，使得这个国家的全部武器都掌握在你的旧国家里靠拢你生活的你自己的士兵手中。

我们的祖先和那些被认为明智的人们常说，保有皮斯托亚必须利用党派之争，而保有皮萨却必须用城堡②。他们抱着这个想法，在他们所属的某些城市煽起纷争，以便易于保有它们。意大利过去保持着一定程度的均衡状态，在那种日子里，这当然是做得对的。但是我不相信这可以作为今日的一条箴规，因为我不相信这种分裂会有什么好处；恰恰相反，当敌人迫近的时候，那些内部分裂的城市就会立即丧失了，因为较弱的一派总是投靠外国的军队，

① 见第 2 章。

② 皮斯托亚这个城市十多年分成两派即潘恰蒂奇派和坎切列里派，由于两派纷争频繁，导致流血、焚烧房屋、掠夺财产以及各种敌对行动。其后佛罗伦萨人把两派的一些头头除掉或监禁，皮斯托亚才安定下来。因此马基雅维里认为，这两种政策都是没有用的。参看《李维史论》第 3 卷第 27 章。

而其余的部分就站不住脚了。

我认为,威尼斯人基于前述的理由,在他们那些附庸城市中培植格尔夫和吉伯林两派[①];虽然不让这些派别达到流血的地步,可是威尼斯人却在他们当中制造分歧,使那些市民们纠缠在自己的纠纷中,而不会团结一致反对威尼斯人。然而正如我们已经看见的,这样做后来的结果并不是对他们有利的,因为当威尼斯人在维拉战败之后,这些城市的属民当中的一部分人立即鼓起勇气,从威尼斯人手中夺取了整个国家。所以,这样一种方法表明君主的力量是薄弱的,因为在一个强有力的君主国里,绝不允许这样的分裂,这只是在和平时期有用,借此可以比较容易地驾驭属民;但是当战争到来的时候,这样的政策就表明是谬误的。

毫无疑问,当君主克服种种困难和对他的反抗时,他就变成伟大人物。特别是当幸运之神要使一位新君主成为伟大人物的时候,他比一位世袭君主更加需要获得盛名,幸运之神就给他树立敌人,并且使他们从事反对他的战争,以便使他可以有理由战胜他们,并且凭借他的敌人给他的梯子步步高升。因此许多人认为,一个英明的君主一有机会,就应该诡谲地树立某些仇敌,以便把它制服,从而使自己变得更加伟大。

君主们,特别是新君主们,现在已经发现在他们国家肇始的时候,他们认为可疑的人们比在开始时他们信赖的人们更加忠诚,更

---

① 格尔夫(Guelfe)和吉伯林(Ghibelline),这是12至15世纪意大利两大对立的政治派别。格尔夫党一般支持教会,此派以佛罗伦萨、波洛尼亚和米兰为代表;吉伯林派与前者对立,在意大利北部(包括皮萨、韦罗纳等地),支持神圣罗马帝国的皇帝。最后,其斗争沦落成为单纯的宗派性的斗争。

加有用。潘多尔福·佩特鲁奇这位西耶纳的君主[①]治国，使用他过去怀疑的人比使用别的人来得多。但是这种事情我们不能够概而言之，因为这件事情按照具体情况而异。我要说的只是，那些在一个国家肇始的时候是敌对的人们，如果他们是需要获得君主的支持以保持其地位的人们，新君主往往很容易赢得他们；而且由于他们明白自己必须用行动来消除君主原先形成的对他们的坏印象，他们更加不得不竭志尽忠侍奉君主。因此，君主从他们那里得到的利益，常常比从另一些人那里得来的多，因为后一种人抱着过分的安全感侍奉君主，从而对君主的事情掉以轻心。

再说，由于这个问题的要求，对于那些依靠本地人的赞助而赢得新国家的君主，我不能不提醒他要很好地考虑是什么原因促使那些赞助他的人这样做的；如果这不是由于对君主的自然的情感，而只是由于他们对前政府不满意，那么新君主要很辛苦而且十分困难才能使他们继续成为自己的朋友，因为要满足他们是不可能的。如果借鉴古代和近代的事例，仔细考虑这件事的原因，他就可以看出，要赢得那些对前政府感到满足因此成为自己的敌人的人们作为朋友，比那些由于对前政府不满因此成为自己的朋友并赞助自己去征服它的人们是远为容易的！

为了更稳固地保有国家，君主们建筑堡垒，作为对付那些企图反对自己的人们的缰绳和马勒，并且作为对付突然失宠的安全避难所，这已经成为习惯了。我赞赏这个方法，因为是自古以来就通

---

① 潘多尔福·佩特鲁奇(Pandolfo Petrucci)杀其继父，于 1502 年成为西耶纳的统治者，1503 年被驱逐，其后由于法国国王的支持再度执政。

用的。然而在我们的时代里，已经看到梅塞尔·尼科洛·维泰利破坏了卡斯特洛市的两个堡垒以便保住那个国家①。乌尔比诺公爵圭多·乌巴尔多②回到他过去被切萨雷·博尔贾逐出的领地，他把该城的所有堡垒夷为平地；他认为如果没有这些堡垒，他再度丧失他的国家就更加困难了。而且，本蒂沃利奥回到波洛尼亚的时候③也采取了同样的做法。

因此，堡垒是否有益，要根据情势，在一种情况下对你是有利的，那么在另一种情况下则对你只是有害的。

因此，关于这个问题可以这样说：一位君主如果害怕人民更甚于外国人，他就应当建筑堡垒；如果他害怕外国人更甚于人民，他就应当抛弃堡垒。法朗切斯科·斯福尔扎所建筑的米兰的堡垒，已经给并且将来还要给他的家族带来损害，更甚于该国的其他一切混乱。所以，你最好不过的堡垒就是不要被人民憎恨。因为即使你拥有堡垒，如果人民憎恨你，任何堡垒都保护不了你，因为当人民一旦拿起了武器的时候，外人就帮助他们，这是少不了的。在我们这个时代里，我们已经看到城垒不曾使任何一位君主得益，只

---

① 梅塞尔·尼科洛·维泰利(Messer Niccolò Vitelli)，保罗和维泰洛佐的父亲，雇佣军队长，由于教皇西斯托四世死亡，1482 年收复了卡斯特洛市（*Città di Castello*)，任该市的统治者。死于 1486 年。

② 圭多·乌巴尔多(Guido Ubaldo, 1472—1508)，乌尔比诺公爵(duca di Urbino)，1502 年收复了乌尔比诺。1508 年死亡。

③ 本蒂沃利奥(Bentivoglio)于 1506 年被尤利奥二世所驱逐，于 1511 年重新恢复了统治权。

有富尔利伯爵夫人在她丈夫季罗拉莫伯爵[①]死后的情况例外，因为她使自己能够避免来自民间的冲击，等待来自米兰的援助，重新恢复她的国家，而且当时那里的情况是外国人不可能帮助她的人民。但是，后来当切萨雷·博尔贾出击她，反对她的人民同外国人联合起来的时候，她就发现她的堡垒无能为力。因此，在当时和在以前的情况一样，对她说来，拥有堡垒不如不受人民憎恨来得更安全。

考虑了所有这一切事情，我称赞建筑堡垒的君主，也称赞不建筑城堡的君主；我非难那种依赖堡垒而认为来自人民的仇恨无足轻重的君主。

① 富尔利伯爵夫人(contessa di Furli，即 Caterina Sforza)，当她的丈夫富尔利伯爵季罗拉莫(Girolamo Riario)在 1488 年被暗杀后，取得在富尔利的权力，直到 1500 年该城被切萨雷·博尔贾占领时为止。

第二十一章　君主为了受人尊敬应当怎样为人①

世上没有任何事情比得上伟大的事业和做出卓越的范例，能够使君主赢得人们更大的尊敬。在我们的时代里，阿拉冈国王费尔迪南多②，即当今的西班牙国王，就是一个例子。他由于自己的盛名与光荣，从一个弱小的君主，一跃而为基督教世界中首屈一指的国王，因此他几乎可以称作一位新君主。如果注意观察他的行动，将会看到它们全部都是最伟大的，而且其中有些是卓越非凡的。在他开始统治的时候，他进攻格拉纳达；这项事业就奠定了他的国家的基础。一开始，他从容不迫地行事，并且毫不害怕遭到任何阻碍。他使卡斯蒂利亚的贵族们的精神灌注在这项事业上面，只考虑那场战争而不考虑革新的事情。与此同时，他赢得盛名和驾驭贵族的统治权，而他们还没有察觉。他依靠教会和人民的金

---

① 原题拉丁文："Ouod principem deceat ut egregius habeatur". Casella 等几个意文本均译作"……为了受人尊敬……"（"... perché sia stimato..."），但有的意文本译作"……要赢得声誉……"（"per acquistarsi reputazione"）。

② 费尔迪南多〔二世〕（Ferdinando di Aragona，1452—1516），西班牙王国的创建者。原为阿拉冈的国王，后与卡斯蒂利亚的伊萨贝拉（Isabella di Castiglia）结婚，又成为卡斯蒂利亚的统治者。在意大利，他占有半岛的南部全部和西西里岛。经过十年战争，格拉纳达于1492年被费尔迪南多征服，于是全部统一西班牙。

钱得以维持他的军队，并且在长期的战争中，给他的武装力量奠定了基础，而这支武装力量一直给他带来了荣誉。除此之外，为了更好地实现更伟大的计划，他常常利用宗教作为借口，他乞灵于宗教上的残酷，把马拉尼人[①]从他的王国驱逐出去并且把他们掠夺一空。在世界上再找不到比这个事例更悲惨和罕见的了。他披着同样的宗教外衣进攻非洲，然后征伐意大利，最终进攻法国。[②] 这样，他经常地完成了一件大事又安排着另一件大事，通过这些大事使他的臣民的心神始终忐忑不安同时惊叹不已，注意着这些事情的结果。而他的这些行动都是一个接一个地出现的，在这一行动和另一行动之间没有一点空隙，使人们不能够从容不迫地进行反对他的活动。

再说，一位君主，如果类似关于米兰的贝尔纳博[③]的传说那样作，当遇到任何人在社会生活中作出不寻常的事情——无论是好事或者坏事，他就抓紧机会在内政管理方面作出罕见的范例，选择

---

① 对穆斯林和改信基督教的西班牙的希伯来人，称为马拉尼人（Marrani），这是带有侮辱性的外号。他们在1501—1502年被驱逐出西班牙，以后并多次被赶逐，对西班牙王国的繁荣造成严重的损害。

② 在对北非的远征中，1509年费尔迪南多曾占领其沿岸；如前所述，他为了同法国路易十二瓜分那波利王国而入侵意大利。后又重新转向非洲以取得伦巴底（1501—1504；1511—1512）。

③ 贝尔纳博（messer Bernabò Viscounti，1354—1385），米兰公爵。此人以残暴和行为怪异出名，他在政治上的能力和敏锐性也是突出的。据故事家讲，贝尔纳博奇行甚多。例如，公爵曾遇见乡人掘墓；问之，据告，因旅行者已死，无遗产，教父及教堂掘墓人以不获报酬拒不处理遗体。公爵即传讯，二人声称："本人应取得所值。"公爵即说："谁人能付汝所值？死者无钱何能付汝所值？"二人答道："不论何人付给，吾人应得所值？"于是公爵说："我付给你们，你们所值即死亡。该死者在何处，即取来，埋于墓中；捕教父投诸墓内。掘墓人何在？投诸墓中，掩埋之。"于是公爵使教父及掘墓人与死者同葬后，扬长而去。

人们必定大谈特谈的关于给以奖励或惩罚的方法。这对于君主是大有帮助的。而最重要的是，一位君主必须依靠他的行动去赢得伟大人物与才智非凡的声誉。

当一位君主是一个人的真正朋友或者是一个人的真正敌人时，就是说，如果他公开表示自己毫无保留地赞助某方而反对另一方的话，这位君主也会受到尊重。他采取这种方法总是比保持中立更有用处。因为如果你的两个强大的邻国相打起来的话，情况必定是这样：它们当中一国战胜的时候，你必须害怕这个战胜国，或者你不用害怕它。在这两种情况之中，无论将来出现哪一种情况，你公开表态并且勇猛地参战总是有好处的。因为，如果在前一种情况之下，你不公开表态，你将来总要成为胜利者的战利品，而使那个战败者因而感到高兴和满意，而且你还提不出任何理由和任何事情为你辩护，或者使人庇护你，因为胜利者不需要在处于逆境时不援助自己的可疑的朋友；那个失败者也不会庇护你，因为你过去不愿拿起武器同他共命运。

安蒂奥科应埃托利亚的召唤，为了驱逐罗马人进入希腊[①]，他派遣使节们到罗马人的朋友——阿凯亚人那里，鼓励他们保持中立。而另一方面，罗马人却劝说阿凯亚人为他们拿起武器。这件事情就提到阿凯亚的会议上进行审议，安蒂奥科的使者在那里劝说他们保持中立；对此罗马的使者回答说："这些人所说的要你们不介入战争，这同你们的利益相差十万八千里。如果没有友谊，没

① 事在公元前 192 年，参看第 3 章。

有尊重，你们将成为胜利者的战利品。”①

事情总是这样：他如果不是你的朋友，就要求你采取中立；而他如果是你的朋友，则要求你拿起武器公开表态。但是优柔寡断的君主，为了避免当前的危难，常常采取中立的道路，而且常常因此被人灭了。但是，当君主明确地表态赞助一方时，如果和你联合的一方获胜的话，虽然胜利者是强有力的，你要听他支配，但是他对你仍然负有一种义务，他已经同你建立了友好的关系；而且人们也绝不会这样地不要脸，作为忘恩负义的例子压迫你。再说，胜利从来不会那样彻底以致胜利者不需要有某些考虑，特别是对于正义的考虑。即使你支持的一方失败了，你仍然会受到他的忆念，在他有能力的时候，他会帮助你，你变成可能东山再起的命运的伴侣。

在第二种情况下，亦即是当你对于现在交战的双方无论哪一方获胜都不害怕的时候，你就必须更加审慎考虑你支持哪一方，因为你在利用他方的帮助把一方覆灭，——而他方假若是明智的话，是一定会拯救后者的。如果他得胜了，他就得听你的决定；而在你的帮助下，他是不可能不胜利的。

在这里必须着重指出：一个君主应当注意，绝不要为了进攻别国而同一个比自己强大的国家结盟，除非有此必要，迫不得已，正如上面说的。因为即使你获胜，你仍然成为强国的俘虏。然而君主们应当尽力避免处于听从他人随意决定的境地。威尼斯人同法

① 此处见李维著《罗马史》第35卷第48节。原文拉丁文：“Quod autem isti dicunt non interponendi vòs bello，nihil magis alienuin rebus vestris est；sine gratia，sine dignitate，premium victoris eritis”（原著与马基雅维里引语略有出入）。

国人联盟反对米兰公爵——他们本来可以避免结成这种联盟——结果使他们自己毁灭了。但是当君主不能够避免结成联盟的时候，就像教皇和西班牙出兵攻击伦巴底时佛罗伦萨人的情况，那么，由于上述的理由，他就必须联合一方。

任何一个国家都不能够认为自己总是能够选择一条万全的途径。相反，它倒是应当预料自己只能采取完全可疑的途径，因为事情通常是：人们在避免一种不利的同时，难免遭到另一种不利。但是，谨慎在于能够认识各种不利的性质，进而选择害处最少的作为最佳的途径。

一位君主必须表明自己是一个珍爱才能的人，引用有才艺的人们，对各个行业中杰出的人物给予荣誉。此外，他必须激励他的公民在商业、农业以及其他一切职业上，能够安心地从事他们的业务，使得张三不致因为害怕他的财产被拿走而不愿意有所增益，使得李四不致因为害怕赋税而不愿开办一项行业。相反，君主对于愿意从事这些事情的人，以及试图以任何方法发展他的城市或国家的人都应该提供奖励。

除此之外，应当在每年适当的时日，使人民欢度节日和赛会。同时，由于每个城市都分为各种行会或者部族集团[①]，因此君主必须重视这些社会集团，有时会见他们，自己做出谦虚有礼和宽厚博济的范例，但是总是保持着他的至尊地位的威严，因为这一点在任何事情上都是不允许削弱的。

---

① 各种行会和部族集团(*in arti o in tribu*)，前者指手工艺、商业、贸易等依宣誓结成的行业组织；后者则指依血统和婚姻关系结成的部族集团。

第二十二章　论君主的大臣

遴选大臣，对于君主说来实在是一件重大的事情；他们是否是良臣，取决于君主的明智。人们对于一位君主及其能力的第一个印象，就是通过对他左右的人们的观察得来的，如果左右的人们是有能力的而且是忠诚的，他就常常能够被认为是明智的，因为他已经知道怎样认识他们的能力并且使他们忠贞不渝。但是如果他们不是这样的人，人们就往往会对他作出不好的判断，因为他所犯的第一个错误就是出在此项选择上。

凡是知道安托尼奥·达·韦纳弗罗①是锡耶纳君主潘多尔福·佩特鲁奇的大臣的人，无不认定潘多尔福是一位最卓越的人，因为他把此人作为自己的大臣。因为人的头脑有三类：一类是靠自己就能够理解，另一类是它能够辨别别人所说明的事情，第三类是既不能自己理解，也不能理解别人的说明。第一类是最优秀的，第二类也是优秀的，第三类则是无用的。因此，这样说必然是合适的：如果潘多尔福不属于第一类，他就属于第二类，因为任何人尽管自己缺乏创见，但是如果对于他人的言行是好是坏具有鉴别力，他就

---

① 安托尼奥·达·韦纳弗罗(Messer Antonio da Venafro)最优秀的法学家，是潘多尔福·佩特鲁奇的干练而可靠的大臣。

能够识别他的大臣的作为的善恶;他激励后者,矫正前者;大臣就不敢指望蒙骗他,而保持良善。

但是一位君主怎样能够识别一位大臣,这里有一条历试不爽的方法:如果你察觉该大臣想着自己甚于想及你,并且在他的一切行动中追求他自己的利益,那么这样一个人就绝不是一个好的大臣,你绝不能信赖他;因为国家操在他的手中,他就不应该想着他自己,而应该只想着君主,并且绝不想及同君主无关的事情。另一方面,为了使大臣保持忠贞不渝,君主必须常常想着大臣,尊敬他,使他富贵,使他感恩戴德,让他分享荣誉,分担职责;使得他知道如果没有自己,他就站不住,而且他已有许多荣誉使他更无所求,他已有许多财富使他不想更有所得,而且他已负重任使他害怕更迭。因此,当大臣们以及君主和大臣们的关系是处于这样一种情况的时候,他们彼此之间就能够诚信相孚;如果不如此,其结果对此对彼都总是有损的。

第二十三章　应该怎样避开谄媚者

我不想略去一件重要的事情，在这件事情上，君主如果不是十分审慎或者不是很好地选择，他们就很难保护自己不犯错误。这就是来自谄媚者的危险，这种人充满朝廷。因为人们对自己的事情是如此的自满自足，并且自己欺骗自己，以致他们难以防御这种瘟疫；而且如果他们想防御的话，他们就要冒着被人轻视的危险。因为一个人要防止人们阿谀谄媚，除非人们知道对你讲真话不会得罪你，此外没有别的办法；但是，当大家能够对你讲真话的时候，对你的尊敬就减少了。

因此一位明智的君主必须选择第三种方法，在他的国家里选拔一些有识之士，单独让他们享有对他讲真话的自由权，但只是就他所询问的事情，而不是任何其他事情。但是他对于一切事情都必须询问他们，并且听取他们的意见；然后按照自己的看法作出决定。对于这些忠告和他们当中的每一个人，他的为人要使每一个人都认识到谁愈敢言，谁就愈受欢迎。除了这些人之外，他应该不再聆听别人的话；他推行已经决定的事情，并且对于自己的决定坚决不改变。任何人如果不如此行事，不是被那些谄媚者所毁，就是由于主张多变导致变革频繁，其结果是，他不受人敬重。

关于这个问题，我想引述当代的一个例子。当今的皇帝马西米利阿诺[①]的宠臣卢卡神父[②]谈及皇帝陛下时说，皇帝从不咨询任何人的意见，而且又从来未能按照自己的愿望行事。这是由于他采取了同上述的相反的方法。因为这位皇帝是一位好守秘密的人，他既不把自己的计划通知任何人，亦不听取关于这些计划的任何意见。但是当他把这些计划付诸实施的时候，它们就开始为人们知悉和发现，并开始受到他周围的人们反对。于是他很轻易地就改弦易辙。结果，他今日所做的事情，到了第二天就推翻了；谁也不理解他想的是什么或者打算做什么事情，并且不能够信赖他的决定。

因此，一位君主应该常常征求意见，但是应该在他自己愿意的时候，而不是在他人愿意的时候；另一方面，对于他不征询意见的任何事情，他应该使每一个人都没有提意见的勇气。但是，他必须是一位经常不断的征询意见者，而且关于他征询意见的一切事情，他必须是一位耐心倾听真话的聆听者。如果他了解到任何人不论出于任何原因，不把真话告诉他，他应该赫然震怒。因为许多人认为任何赢得英明之誉的君主，其所以致此，不是由于他的本质，而是由于他身边有一些好的顾问，毫无疑问，那是误解了。因为这里有一条从来颠扑不破的一般法则：一位君主如果不是本人明智的话，他就不可能很好地获得忠告；除非碰运气，他把自己寄托在某一个人身上，完全由后者支配，而此人恰好是一个极为英明的人。

---

① 马西米利阿诺(Maximiliano，1459—1519)，1486 年当选为神圣罗马帝国皇帝，但从未加冕。

② 卢卡神父(Prete Luca Rinaldi)是马西米利阿诺的大使，1507 年马基雅维里出使时直接认识。

在这种场合，君主可能过得很好，然而日子长不了，因为那个支配者在短促的时间内会把他的国家篡夺过来。但是，当所咨询的人不止一个人的时候，君主如果不明智就绝不能够获得统一的忠言，自己也不知道怎样把它们统一起来；那些顾问每个人都想着他自己的利益，而君主却不能矫正或者洞察他们。情况不可能是两样的，因为除非某种需要驱使人们必须对你忠诚外，他们总是变成邪恶的。

因此必须得出这样的结论：一切良好的忠言，不论来自任何人，必须产生于君主的贤明，而不是君主的贤明产生于良好的忠言。

第二十四章　意大利的君主们为什么丧失了他们的国家

上述各项事情，如果能够审慎地遵守，就能够使一位新君主宛如旧君主一样；并且立即使他在国家里比立国久远的君主更加安全、更加坚强。因为人们对于新君主的行动，比对世袭的君主更加密切注意；而且如果这些行动被认为是有能力的，它们比古老的家族更有力地赢得人们，更紧密地把人们维系在自己身边。因为当前的事物比过去的事物更加吸引人们；如果他们感觉现在好，他们就心满意足而更无它求；只要新君主在其他事情上没有什么缺陷，人们将会竭尽全力保卫他。这样，由于他创立了一个新的君主国，并且以好的法律、好的武器、好的盟友和好的榜样，使这个国家繁荣昌盛和强大起来，他就会获得加倍的光荣。反之，一个依世袭当君主的人，如果由于不审慎而丧失他的君主国，他就会遭受加倍的羞辱。

如果我们考虑一下我们这个时代在意大利丧失了他们的国家的那些统治者，像那波利国王、米兰公爵①以及其他的人们，我们在他们身上首先发现，由于上面已经详述的原因②，他们的军队都

---

① 那波利国王是指阿拉冈的费尔迪南多(见第1章)。米兰公爵是指洛多维科·莫罗(见第3章)。

② 见第12、13、14章。

有一个共同的缺点；其次，我们看到，他们当中有些人或者是被人民敌视，或者是，尽管人民对他们友善，他们却不知道怎样使自己免于贵族为患。君主们如果没有这些缺点，只要他们有足够的力量能够保持一支作战的军队，他们就不会丧失他们的国家。

马其顿的菲利普[①]，不是亚历山大的父亲，而是被蒂托·昆托（Tito Quinto）所战败的那一个人，如果同攻击他的罗马人和希腊人的强大相比，并不曾拥有一个强大的国家，但是他是一个勇武的人，他知道怎样结好于人民，怎样防止贵族为患。因此他对他们的战争维持了多年，尽管最后他失去了某些城市的统治权，但是他仍然保有他的王国。

因此我们的这些君主们，如果曾经享有王国多年而后来丧失了国家的话，他们不应咒骂命运而应该咒骂自己庸碌无能。在气候好的时候从不考虑可能出现的变化（在风和日丽的时候不想到暴风雨，这是人们的共同的短处），到了有朝一日恶劣的气候来临的时候，他们就只想到逃跑而不是考虑自己怎样进行防卫。他们希望人民在惨遭征服者凌辱之余，召唤他们回来。如果再没有别的法子，这个主意也是好的。但是寄希望于此而忽视其他补救之道，这就糟透了，因为，任何人绝不应该因为相信有人日后会使他复位，而自甘倒台。再说，那种情况或者是不会出现，或者是即使出现，它并不给你带来安全，因为这是一种懦夫的防卫之道，而不是依靠你自己。而只有依靠你自己和你自己的能力来保卫，才是可靠的、有把握的和持久的。

---

① 马其顿的菲利普（Filippo Macedone），是指菲利普五世。他在公元前三世纪初和二世纪末曾两次同罗马人作战多年，终于在公元前197年被打败。

第二十五章　命运在人世事务上有多大力量和怎样对抗

我不是不知道，有许多人向来认为，而且现在仍然认为，世界上的事情是由命运和上帝支配的，以致人们运用智虑亦不能加以改变，并且丝毫不能加以补救；因此他们断定在人世事务上辛劳是没有用的，而让事情听从命运的支配，这种意见在我们这个时代就更觉得可信，因为过去已经看到而且现在每天看到世事的重大变幻远在每个人的预料之外。

考虑到这种变幻，有时我在一定程度上倾向于他们的这种意见。但是，不能把我们的自由意志消灭掉，我认为，正确的是：命运是我们半个行动的主宰，但是它留下其余一半或者几乎一半归我们支配。我把命运比作我们那些毁灭性的河流之一，当它怒吼的时候，淹没原野，拔树毁屋，把土地搬家；在洪水面前人人奔逃，屈服于它的暴虐之下，毫无能力抗拒它。事情尽管如此，但是我们不能因此得出结论说：当天气好的时候，人们不能够修筑堤坝与水渠做好防备，使将来水涨的时候，顺河道宣泄，水势不致毫无控制而泛滥成灾。

对于命运，情况正复相同。当我们的力量没有做好准备抵抗命运的时候，命运就显出它的威力，它知道哪里还没有修筑水渠或堤坝用来控制它，它就在那里作威作福。如果你考虑意大利——

它是这些变动的所在地，并且推动了这些变动——你就会看到它是一个既没有水渠也没有任何堤坝的平原。如果意大利像德国、西班牙和法国那样，过去有适当的力量加以保护，这种洪水就不会产生像今日这样巨大的变动或者压根儿不会出现。关于一般地谈谈抵抗命运的问题，我想这就够了。

但是，我想还专门谈谈特殊方面。我要指出，我们看见某个君主今日幸福不过，明日却垮台，而没有看见他在性质上或者其他特性上有什么改变。我认为，其所以如此，首先是由于我在上面已经长篇地讨论过的那些原因①，这就是说，任何一位君主如果他完全依靠命运的话，当命运变化的时候他就垮台。我还认为，一位君主如果他的做法符合时代的特性，他就会得心应手；同样地，如果他的行径同时代不协调，他就不顺利。因为，人们在实现自己所追求的目的，即荣耀与财富而从事的事业上，有不同的方法：有的谨慎小心，有的急躁鲁莽，有的依靠暴力，有的依靠技巧，有的依靠忍耐，有的与此相反；而每一个人可以采取不同的方法达到各自的目的。人们还可以看到两个都是谨慎小心的人，其一实现了他的目的，而另一个则否；同样地，两个具有不同脾气的人，其一谨慎，另一个急躁，都一样成功了。其原因不外乎是他们的做法是否符合时代的特性。由于我已经讲到的原因，结果，两个人虽然行动不同，却取得同样的效果；而另外两个人行动相同，一个达到目的，而另一个却失败了。

盛衰的变化亦由于这个原因：如果一个人采取谨慎、耐心的方式行动，时间与事态的发展情况说明他的行动是合适的，那么他就

① 例如第 7 章、第 24 章。

获得成功；但是如果时间与事态变了，他就失败了，因为他没有改变他的做法。没有一个人如此谨慎小心地使自己能够适应这种情况，这是因为他不能够离开天性驱使他走的路子，还因为他走一条路子亨通已久，他就不能说服自己离开这条路子。因此一个谨慎的人，到了需要采取迅猛行动的时候，他不知所措，结果他就毁灭了。但是如果一个人能够随着时间和事态的发展而改变自己的性格，那么命运是决不会改变的。

教皇朱利奥二世无论做什么事情都是那么迅猛；他觉察时代和事态同他的做法是那么协调，所以他总是获得成功。请看看在焦万尼·本蒂沃利奥还活着的时候，教皇对波洛尼亚进行的第一次出征。当时威尼斯人是不赞成这件事的，西班牙国王也不赞同，朱里奥就同法国商议这项计划。然而，由于他的刚强和迅猛的禀性他亲自发动远征。这一行动弄得西班牙和威尼斯人举棋不定，呆若木鸡，后者是由于恐惧，而前者则是由于想要重新取得整个那波利王国的愿望。而另一方面，教皇把法国国王拉过来跟着自己。法国国王眼看朱利奥已经行动起来，并且盼望教皇成为自己的朋友，以便使威尼斯人俯首帖耳，也就自己认定：除非公开得罪教皇，否则不可能不给他提供军队。于是朱利奥以迅猛的行动完成了一项事业，这是任何其他一个教皇以人间最高的深谋远虑都不能成功地做出的。假使他像其他任何一个教皇那样行事，要等待各项条件都确定下来，一切事情都安排好，才能够离开罗马，他就绝不会成功了，因为法国国王会有一千条推托之词，而其他的人[1]对他

① 指威尼斯人。

会产生无限忧虑。关于他的其他行事就从略了，它们全部是属于这一类的，而且全都是很成功的。他的生命短促使他没有相反的经历；因为如果时光流转到了他必须谨慎行事的时候，他就会毁灭了；因为他永不会抛弃他的天性使他偏爱的那些方法。

因此我得出的结论是：当命运正在变化之中而人们仍然顽强地坚持自己的方法时，如果人们同命运密切地协调，他们就成功了；而如果不协调，他们就不成功。我确实认为是这样：迅猛胜于小心谨慎，因为命运之神是一个女子，你想要压倒她，就必须打她，冲击她。人们可以看到，她宁愿让那样行动的人们去征服她，胜过那些冷冰冰地进行工作的人们。因此，正如女子一样，命运常常是青年人的朋友，因为他们在小心谨慎方面较差[①]，但是比较凶猛，而且能够更加大胆地制服她。

① 此处译文根据 M. Casella 和 M. Bonfantini 等校订本；但 G. Mazzoni 校订本作“(他们)不是小心谨慎”，与此不同。

第二十六章　奉劝将意大利从蛮族手中解放出来

现在考虑了上面讨论过的全部事情，并且自己思量：意大利此时此刻是不是可以给一位新的君主授予荣誉的吉日良辰，是不是现在有某种要素给一位贤明的有能力的君主提供一个机会，让他采取某种方式，使自己获得荣誉，并且给本国人民带来普遍的幸福；我觉得许多事情合在一起都是对新君主有利的，我不知道什么时候比现在对君主的行动更合适。而且正如我所说过的①，如果为了表现摩西的能力，必须使以色列人在埃及成为奴隶，为了认识居鲁士精神的伟大，必须使波斯人受梅迪人压迫，为了表现提修斯的优秀，必须使雅典人分散流离；那么在当代，为了认识一位意大利豪杰的能力，就必须使意大利沉沦到它现在所处的绝境，必须比希伯来人受奴役更甚，必须比波斯人更受压迫，必须比雅典人更加分散流离，既没有首领，也没有秩序，受到打击，遭到劫掠，被分裂，被蹂躏，并且忍受了种种破坏。

虽然最近在某个人身上可看到一线希望，使我们认为可能是上帝派来赎救意大利的。可是后来在他的事业登峰造极的时候，

① 见第6章。

他被命运抛弃了。[①] 于是意大利仍旧缺乏生气，她等待一位人物将来能够医治她的创伤和制止伦巴第的劫掠以及在〔那波利〕王国和托斯卡纳的勒索，并且把长时期郁抑苦恼的恨事消除。我们看到她怎样祈求上帝派人把她从蛮族的残酷行为与侮辱中拯救出来。我们还看见，只要有人举起旗帜，她就准备好并且愿意追随这支旗帜。现在除了在你的显赫的王室之中，她再找不到一个可以寄予更大希望的人了。这个王室由于它的好运和能力，受到上帝和教会的宠爱，现在是教会的首脑，因此可以成为救世者的领袖。如果你想起我在上面谈到的那些人物[②]的行迹与生平，这件事就不是很难的。而且，虽然那些人物是稀世的、奇迹般的，但是他们毕竟是人，而且他们当中每一个人当时的机会都不如今日，因为他们的事业比这项事业并不更加正当些、更加容易些，上帝对他们比对你并不更加友好些。伟大的正义是属于我们的，因为“对于必须战争的人们，战争是正义的；当除了拿起武器以外就毫无希望的时候，武器是神圣的。”[③]在这里，有极其伟大的意愿，在具有伟大意愿的情况下，只要你的王室采取我已经作为目标推荐的那些人的方法，这里就不存在巨大的困难。除此之外，现在我们还看见了上帝所作的绝无仅有的奇迹：大海分开了，云彩为你指出道路，巉岩涌出泉水，灵粮[④]自天而降；一切事物已经为你的伟大而联合起

---

① 当指切萨雷·博尔贾，参看第 7 章。

② 指摩西、居鲁士、提修斯。

③ 见李维：《罗马史》，第九卷，第 1、10 节，原文拉丁文：“iustum enim est bellum quibus necessarium et pia arma ubi nulla nisi in armis spes est.”

④ 灵粮（manna），《旧约圣经》称，以色列人出埃及，在旷野所食神赐之物。

来，而余下的事情必须由你自己去做。上帝不包办一切，这样就不至于把我们的自由意志和应该属于我们的一部分光荣夺去。

如果上面提到的那些意大利人[①]从来没有一个能够实现我们希望你的显赫王室可能做的事情，如果在意大利的多次革命和许多战役中，意大利的军事力量似乎总是被消灭了，这并不是什么怪事，因为它的旧制度不好，而且从来没有人懂得怎样制定新制度。因此，要使一个新近当权的人能够获得巨大的荣誉，莫过于由他创制新的法律和新的制度。这些东西如果有良好的根据，而且本身有其伟大的地方，它们就使他赢得人们的尊敬和钦佩；而意大利现在不乏可以采取各种方式表现的材料。要是头脑不贫弱，四肢就有巨大的能力。请注意，在决斗中或者在少数几个人的搏斗中，意大利人在力量、机敏和智力上是多么优异啊！但是当他们到了军队的时候就毫无表现。这一切都是由于头头们软弱的结果；因为那些高明的人们不服从他们，而每一个人都自认为高明，因为迄今没有一个人由于能力和幸运这两方面出人头地，能够使其他的人们折服。因此，在那样长的时期内，在过去二十年进行的许多场战争中，当一支军队全是意大利人的时候，它遇到考验，总是失败。关于这一点，主要的证据是塔罗之役，其次是亚历山大、卡普亚、热那亚、维拉、波洛尼亚和梅斯特里诸战役[②]。

---

① "上面提到的那些意大利人"当指弗朗切斯科·斯福尔扎和切萨雷·博尔贾（见第7章），可能也包括教皇朱利奥二世在内（见第11章）。

② 塔罗（Taro）之役在1495—1513年；亚历山大（Alessandria）之役在1499年；卡普亚（Capua）之役在1501年；热那亚（Genoa）之役在1507年；维拉（Vailà）之役在1509年；波洛尼亚（Bologna）之役在1511年；梅斯特里（Mestri）之役在1513年。

因此，如果你的显赫的王室决意效法我在前面提到的那些拯救国家的优秀人物的话，第一件事情就是组织自己的军队，作为任何一件事业的真正基础，因为没有比他们更忠实、更真诚、更优秀的士兵了。而且，虽然他们每一个人都是好的，但是当他们看到受他们的君主的指挥并且由他授勋和款待的时候，他们团结在一起就变得更加好。因此，为了能够运用意大利的实力防御外侮，必须筹建这样一支军队。

虽然瑞士和西班牙的步兵被人们认为是可怕的，但是它们两者都各有缺点，因此，第三种部队①不但能够对抗他们，而且确信能够战胜他们。因为西班牙人不能够抵御骑兵，而瑞士人一旦在战斗中遇到同自己一样顽强的步兵的时候，他们就不能不感到害怕。所以经验已经证明，而且将来还要证明，西班牙人不能够抗拒法国骑兵，而瑞士人则被西班牙步兵所消灭。虽然这后一件事到目前还没有看到整个经历，但是在拉文纳战役中②，已有了一个证明：当时西班牙步兵同采取与瑞士人同样战术的德国军队会战，西班牙人靠他们身体敏捷和圆盾的帮助，潜入德军跟前，在德军长矛无能为力的情况下，安然地袭击德军，后者无法招架；假使当时西班牙人不是受到骑兵的袭击，他们定会把德国人全部消灭掉。因此，如果看到这两种类型的骑兵的弱点，就能够创建一种新型的骑兵，它既能击退骑兵，又不需要害怕步兵。要做到这一点，就要选择武器和改变战术。而这一切就像新制度一样，会给一位新君主

① 第三种部队(uno ordine terzo)即第三类型的步兵。详见马基雅维里《兵法》第2章论武器、军事训练等问题。

② 拉文纳(Ravenna)战役在1511年4月11日。

带来名誉和伟大的地位。

因此，这个时机一定不要错过了，以便意大利经过长时期之后，终于能够看到她的救星出现。我无法表达：在备受外国蹂躏的一切地方，人们将怀着怎样的热爱、对复仇雪耻的渴望、多么顽强的信仰，抱着赤诚，含着热泪来欢迎他！什么门会对他关闭？有什么人会拒绝服从他？怎样的嫉妒会反对他？有哪个意大利人会拒绝对他表示臣服？蛮族的控制对于我们每一个人都臭不可闻了。请你的显赫的王室，以人们从事正义事业所具有的那种精神和希望，去担当这个重任，使我们的祖国在她的旗帜下日月重光，在她的指示下，我们可以实现诗人佩脱拉克①的话语：

"反暴虐的力量，将拿起枪，
战斗不会很长！
因为古人的勇气，
在意大利人的心中至今没有消亡。"

---

① 佩脱拉克（Grancesco Petrarca，1304—1374）意大利诗人，具有强烈的爱国主义思想。他和但丁曾经宣称，一个共同的意大利是她所有儿女的最崇高的奋斗目标。（见：布克哈特：《意大利文艺复兴时期的文化》第10章。）下面诗句引自佩脱拉克的诗篇，原文拉丁文是："*Virtŭ contro a furore / prenderà l'arme; e fia el combatter* corto, / *ché l'antico Valore / nell' italici cor non è ancor morto.*"

本译本使用和参考的主要书目

一、《君主论》的意文本

MACHIAVELLI, IL PRINCIPE, EDIZZIONE DEL CENTENARIO MDCCCCXXVII ANNO VI, a cura di Guido Mazzoni, Roma.

MACHIAVELLI, DE PRINCIPATIBUS, a cura di Mario Cassella, Roma, 1930.

NICCOLÒ MACHIAVELLI, OPERE a cura di Mario Bonfantini, Milano / Napoli, 1954.

NICCOLÒ MACHIAVELLI, IL PRINCIPE, Libreria E. Cartoleria, Firenze.（列宁格勒外文图书馆藏书）

二、英、美、法、德、日等国出版的《君主论》译本

THE PRINCE BY NICCOLÒ MACHIAVELLI, translated with an introduction by W. K. Marriott, London, 1940.

THE PRINCE BY NICCOLÒ MACHIAVELLI, translated by N. H. Thomson, London, 1897.

THE HISTORY OF FLORENCE TOGETHER WITH THE PRINCE (BON'S LIBRARY), London, 1894.

THE PRINCE AND THE DISCOURSES BY NICCOLÒ MACHIAVELLI, with an introduction by Max Lenner—THE PRINCE, translated by Luigi Ricci, revised by E. R. P. Vincent, New York, 1940.

MACHIAVELLI, THE CHIEF WORKS AND OTHERS, translated by Allan Gilbert, 3 vols., Duke University Press, 1965.

MACHIAVELLI, THE PRINCE, translated with an introduction by A. Robert Caponigri, New York, 1965; and by George Bull, New York,

1983.

OEUVRES POLITIQUES DE MACHIAVEL, traduction di Périès, Paris, 1872.

MACHIAVEL, LE PRINCE (DE PRINCIPATIBUS), traduction di Jacques Gohory, Paris, 1966.

NICCOLO MACHIAVELLI, DER FÜRST, übersetzt von Grüzmacher, Berlin, 1870.

NICCOLO MACHIAVELLI, DER FÜRST, übertragen von. F. Blaschke, Leipzig, 1976.

《君主论》,黑田正利译,东京,《岩波文库》,1958 年第 17 版;1959 年改订版。

《君主论》,池田廉译,《世界名著》丛书第 16 卷,中央公论社,1966 年版。

《君主经国策》,吉田弥邦、松宫春一郎译,东京,兴亡史论刊行会,大正 7 年版。

三、关于马基雅维里思想与生平的意、英、美、德、法、俄、日各国论著

VITA DI NICCOLÒ MACHIAVELLI FIORENTINO, GIUSEPPE PREZZINI, A. Mondadori, Milano, 1934.

NICCOLÒ MACHIAVELLI, STORIA DEL SUO PENSIERO POLITICO, GENNARO SASSON, Napoli, 1958.(部分日译本,连载:爱知大学《法经论集》(法律篇),1981 年。)

MACHIAVELLI AND THE RENAISSANCE F. CHABOD, London, 1958.

THE MYTH OF THE STATE, E. CASSIRER, New Heaven, 1946.

MACHIAVELLI AND HIS TIMES, BY D. ERSKINE MUIR, New York, 1936.

MACHIAVELLI, BY J. H. WHITFIELD, Oxford, 1947.

MACHIAVELLI, BY QUENTIN SKINNER, Oxford, 1981.

THE LIVING THOUGHT OF MACHIAVELLI, PRESENTED BY COUNT CARLO SFORZA, London, 1942.

THE STATECRAFT OF MACHIAVELLI, BY BUTTERFIELD, London, 1955.

DIE IDEE DER STAATSRÄSON IN DER NEUEREN GESCHICHTE, VON FRIEDRICH MEINECKE, Berlin, 1924.

(英译本:MACHIAVELLISM, THE DOCTRINE OF RAISON D'ETAT

AND ITS PLACE IN MODERN HISTORY, translated by Douglas Scott, London, 1957.)

"LE PRINCE" DE MACHIAVEL ET LA THÈORIE DE L'ABSOLUTISME, PAR L. COUZINET, Paris, 1910.

LA PENSEE DE MACHIAVEL, PAR DUVERNOY, JEAN-FRANÇOIS, Paris, 1974.

ЗАГАДКА И УРОК НИККОЛО МАКИАВЕЛЛИ, БУРЛАЦКИЙ, ФЕОДОР МИХАИЛОВИЧ,《Молодая Твардця》,1977.

《马基雅维里》,《世界名著》丛书第 16 卷,会田雄次主编,中央公论社,1966 年版。

《马基雅维里》,《人类的知识遗产》丛书第 24 卷,佐佐木毅著,东京,讲谈社,1978 年版。

《马基雅维里政治观的结构与发展》,佐佐木毅著,载:东京大学《国家学会杂志》第 81 卷第 11、12 号,第 82 卷第 3—8 号,1969 年。

译 后 记

《君主论》的第一个中译本是伍光建(君朔)先生节译本,题名为马加维里著《霸术》,商务印书馆出版,有译者序。其次是曾纪蔚译,题名为意大利麦克维利著《横霸政治论》,上海光华大学政治学社出版,在版权页上无出版日期,根据译者四十年代在该校任教时了解,是 1930 年出版,有译者序。第三部译本题名为《君》,1934 年中国文化学会出版。这些译本均系根据英译本转译,早已绝版。

1958 年商务印书馆将此书列入世界学术名著选题计划,即向译者约稿。译者根据英译本译出后,为了译文信达起见,曾取英、美、法、德、日各国译本互相核对,发现文义莫衷一是,定稿甚难,决定以意文本为准据另译。为此苦攻意文。其后借到《君主论》卡塞拉 (Mario Casella) 审订本及列宁格勒外文图书馆藏本,即根据此两个版本,对照英、美、法、德、日各国多种译本(见参考书目)重新译出,第一稿于六十年代初完成。七十年代陆续借到:马佐尼 (M. Mazzoni) 审订本及邦凡蒂尼 (M. Bonfantini) 审订本,又根据两者,同时对照各国译本,先后进行两次较大的修改,择善而从,不拘泥于一个版本。这是第二稿和第三稿。1982 年和 1984 年,笔者先后在加拿大麦吉尔大学法学院及东京大学法学部进行学术交流研究,搜集到各国关于马基雅维里的研究资料,对译稿又进行了两次修改,成为现在的这第四稿。本译本全部脚注系由译者汇集各国(包括意大利)有关资料写出,仅供读者参考。此书由于反复推敲,求其忠实可读,多次修改,以致迟迟脱稿。同时由于能力所限,对作者研究不足——愈研究愈知昨日之非——绠短汲深,纰缪难免,期待读者通人指正。

此书执笔于十年动乱期中,完成于我国进入伟大的社会主义四个现代化建设时期,法治开始实行,香港回归祖国在望。译者庆幸何似,谨以此书献给我挚爱的祖国和欣欣向荣的法学界。

出版之际,译者不能不表示衷心感谢商务印书馆编辑部同志们,特别骆静兰同志在长时期中的鼓励与催促以及付排前后的辛勤劳动与帮助;如其不然,此书至今也未必能够定稿。

潘　汉　典

于中国社会科学院法学研究所

1985 年 4 月 10 日,北京

图书在版编目(CIP)数据

君主论/(意)马基雅维里(Machiavelli,N.)著;潘汉典译.—北京:商务印书馆,1985.7(2024.8重印)
(汉译世界学术名著丛书)
ISBN 978-7-100-01648-3

Ⅰ.①君… Ⅱ.①马… ②潘… Ⅲ.①君主制—研究 Ⅳ.①D033.2

中国版本图书馆CIP数据核字(2010)第046405号

汉译世界学术名著丛书

君 主 论

〔意〕尼科洛·马基雅维里 著

潘汉典 译

商 务 印 书 馆 出 版

(北京王府井大街36号 邮政编码100710)

商 务 印 书 馆 发 行

北京新华印刷有限公司印刷

ISBN 978-7-100-01648-3

1985年7月第1版 开本850×1168 1/32

2024年8月北京第28次印刷 印张4⅞

定价:24.00元